Oliver Bock
Der Rheingauer Weinschmecker

Oliver Bock

Der Rheingauer Weinschmecker

Die 40 besten Straußwirtschaften und Gutsschänken

11. Ausgabe

SOCIETÄTS
VERLAG

11. überarbeitete und aktualisierte Auflage
Alle Rechte vorbehalten • Societäts-Verlag
© 2021 Frankfurter Societäts-Medien GmbH
Satz: Bruno Dorn, Societäts-Verlag
Umschlaggestaltung: Julia Desch, Societäts-Verlag
Umschlagabbildung: © danmal25 - stock.adobe.com
Karte: © OpenStreetMap-Mitwirkende
Druck und Verarbeitung: CPI books GmbH, Leck
Printed in Germany 2021

ISBN 978-3-95542-398-8

Besuchen Sie uns auch im Internet:
www.societaets-verlag.de

Inhalt

1. Wein beim Winzer

Freud und Leid liegen bekanntermaßen bisweilen eng beieinander. Hinter den Winzern im Rheingau liegt ein solches Wechselbad der Gefühle. Dabei gelten die drei Jahrgänge 2018, 2019 und 2020 als herausragend gut. Es mangelte den Reben nicht an Wärme und Sonne, sondern allenfalls an Regen. Die Mostgewichte waren durchweg gut, und viele Winzer haben gelernt, mit den Konsequenzen des Klimawandels gut zurechtzukommen. Zudem erweisen sich die Rebpflanzen als recht widerstandsfähig und überstehen auch längere trockene Phasen erstaunlich gut. Dennoch zeigt sich aktuell in vielen Weinbergen, dass mehr und mehr Winzer dort, wo es möglich ist, auf Bewässerungssysteme setzen.

Die Coronapandemie allerdings verhagelte manchen Winzern die Freude an der Ernte. Denn ganze Vertriebswege wie beispielsweise die Gastronomie, Großveranstaltungen, Weinfeste, die Flughäfen oder die Luftfahrtgesellschaften blieben den Winzern phasenweise verschlossen. Auch einige Exportmärkte waren in der Krise nur schwer zu bedienen. Die Winzer haben aus der Not eine Tugend gemacht: Sie haben das Privatkundengeschäft forciert, Onlineshops etabliert und Online-Weinproben eingeführt. Vieles davon wird auch nach der Pandemie erhalten bleiben. Wieder einmal zeigt sich, dass Diversifizierung der Weg zum Erfolg ist. Oder anders ausgedrückt: Niemals alle Eier in nur einen Korb legen.

Kaum war die Pandemie endlich am Abklingen, gab es für die Winzer eine neue Hiobsbotschaft. Die Havarie einer Brücke der in den Rheingau führenden Autobahn

(A66) machte im Herbst 2021 ihre Sprengung notwendig. Das wird den Besucherstrom aus dem Rhein-Main-Gebiet bis zur Fertigstellung des Neubaus deutlich bremsen.

Doch lassen Sie sich davon nicht abhalten, den Rheingau zu erkunden. Denn vieles hat sich geändert seit der 10. Auflage dieses bewährten Weinführers. Einige Betriebe sind ganz ausgeschieden, andere haben ihr Konzept gravierend geändert und neue Weingüter haben sich die Aufnahme in den Weinschmecker erkämpft. Die vorliegende, vollständig revidierte Auflage war im 18. Jahr nach Erscheinen der Erstausgabe dringend notwendig, um den größtmöglichen Anspruch an Aktualität zu wahren.

Die Rheingauer Schänkenszene ist ebenso wie die gesamte Weinbranche in ständiger Bewegung. Dabei geht der Strukturwandel weiter. Immer weniger Weingüter bewirtschaften immer größere Flächen, weil stetig mehr kleine Erzeuger aufgeben. Das mag mancher bedauern, doch es trägt auch zu höherer Professionalität bei und fördert die Qualität der Weine.

Für die Winzer haben sich die Rahmenbedingungen 2021 durch ein neues deutsches Weingesetz geändert. Nicht mehr das Mostgewicht ist jetzt der Maßstab aller Dinge, sondern die Herkunft. Das ist ein erfreulicher, in Zeiten des Klimawandels längst fälliger Paradigmenwechsel und eine Rückkehr zu den Wurzeln des deutschen Weinbaus.

Wie gewohnt schaffte es in diesen Weinführer nur derjenige Winzer, der gute bis sehr gute Weine erzeugt. Der Weinschmecker gibt unverändert jenen eine Orientierung, die auf der Suche nach den besten Weinen des

Rheingaus sind und die dazu in angenehmer Atmosphäre eine angemessene kulinarische Begleitung erwarten. Wieder haben wir die besten Adressen der Region für Sie aufgespürt. Also auf in den Rheingau!

Eltville, vor der Weinlese 2021

Oliver Bock
Der Rheingauer Weinschmecker

2. Worauf es ankommt: Lage, Jahrgang, Winzer

Wodurch zeichnet sich ein guter Wein aus, und wie unterscheidet er sich von einem „schlechten"? Weil Geschmäcker unterschiedlich sind, fällt die Antwort auf diese Fragen nicht leicht. Und doch gibt es einige klare Kriterien, nach denen wir urteilen sollten: Dass ein Wein frei von Fehlern (Mufftöne, Korkschmecker, Böckser, Essigstich) ist, setzen wir voraus. Ein Spitzenwein schmeckt intensiv rebsortentypisch und ist ein überzeugender, flüssiger Fingerabdruck seiner Herkunft. Er ist harmonisch am Gaumen, aromatisch, reintönig, vielschichtig und faszinierend. Er bereitet große Trinkfreude, ist dicht, komplex und so lagerfähig, dass er in den Jahren nach der Ernte eine spannende Phase der Reife erfährt. Das ist großer Wein. Am Ende stellt sich gleichwohl die Frage der Deutungshoheit: Entscheidet der Winzer, ein Experte, ein Weinjuror, ein Weinjournalist oder der Konsument: Und welche Faktoren sind entscheidend bei der Erzeugung?

Der Weinberg

Die Lage, die Lage, die Lage. Jeder kennt die Maxime der Immobilienmakler. In den Weinregionen ist das kaum anders. Auch hier gibt es begehrte Spitzenlagen und klimatisch wenig begünstigte Randlagen. Die Unterschiede sind teils beträchtlich. Das erst 2021 novellierte deutsche Weingesetz trägt diesem Gedanken Rechnung. Nicht das Mostgewicht gibt mehr den Ausschlag für die Güte des

Weins, sondern die Herkunft. Je enger, also je kleinräumiger diese Herkunft auf dem Etikett vermerkt ist, desto höher soll der Qualitätsanspruch des Weines sein. Nicht die Qualitätsstufe (aufsteigend: Qualitätswein, Kabinett, Spätlese, Auslese) soll von der Güte des trockenen Weines Zeugnis ablegen, sondern die Herkunft (aufsteigend: Region, Ort, Einzellage, Spitzenlage). Das ist ein Paradigmenwechsel, an den wir Weinfreunde uns in den kommenden Jahren gewöhnen werden.

Neu ist das System aber nicht, denn schon vor 100 und mehr Jahren kam es vor allem auf die Herkunft an. Davon zeugen alte Preislisten, in denen die Weine stets nach der Herkunft, nicht nach dem Mostgewicht eingestuft worden waren. Zudem gilt: Ein bekannter Weinberg auf dem Etikett kann zwar Spitzenqualität versprechen. Doch die Herkunft allein ist kein Qualitätsausweis. Es bleibt dem Winzer überlassen, das Potential eines Weinbergs auszuloten und dort reintönige, rebsortentypische Weine zu erzeugen. Erst in Verbindung mit dem Weingut wird jeder Weinberg zu einem Qualitätsversprechen, das im Glas eingelöst werden kann.

Der Jahrgang

Schon die „Rheingauer Wein- und Geschichtschronik" beschreibt die Vorzüge und Nachteile der Jahrgänge zwischen 1626 und 1848. Wer in diesen und anderen Chroniken blättert, der wird erstaunt sein, dass noch im 19. und 20. Jahrhundert Missernten gar nicht so selten waren. Kein Wunder also, dass viele Weingüter bis in die Zeit nach dem Zweiten Weltkrieg Mischbetriebe waren, die nicht allein auf den Weinbau setzten, sondern Getreide, Obst oder Gemüse anbauten und Vieh hielten.

Der Klimawandel hat vieles verändert. Spätestens seit dem Ende der 1980er Jahre gehören „schlechte" Jahrgänge der Vergangenheit an. Der Rheingau liegt am 50. Breitengrad, der einst die nördliche Grenze des Ertragsweinbaus markierte. In den zurückliegenden drei Jahrzehnten ist er durch den Klimawandel in eine klimatisch bevorzugte Zone „gerutscht". Die Rheingauer Winzer gehören zu den Gewinnern des Klimawandels und können sogar mediterrane Rebsorten wie Merlot oder Cabernet Sauvignon anpflanzen. Um eine Ausreifung der Beeren und um ausreichend hohe Mostgewichte müssen sich die Winzer nicht mehr sorgen. Vielmehr müssen sie darauf achten, nicht zu spät zu ernten, damit die Mostgewichte nicht zu hoch und die Alkoholgehalte nicht zu üppig werden. Denn sonst könnte der Riesling seinen rassigen Charakter verlieren.

Zu den Nachteilen des Klimawandels gehört das Auftreten neuer, bislang in der hiesigen Region nicht gekannter Schädlinge wie die Kirschessigfliege. Zudem steigt die Gefahr der Schäden durch Spätfröste, wenn der Austrieb nach einem warmen Frühjahr schon frühzeitig erfolgt. Die Ernte findet nicht mehr hauptsächlich im Oktober statt, sondern beginnt vermehrt schon Anfang September bei noch immer warmen Temperaturen. Schließlich mehren sich trockene und warme Wetterphasen, in denen vor allem Rebstöcke in Steillagen und auf Jungfeldern dürsten. Das erhöht die Gefahr des sogenannten untypischen Alterungstons in den Weinen. Es ist absehbar, dass mehr und mehr Winzer Bewässerungsanlagen installieren werden. Vor allem dort, wo die Wasserversorgung auch in Dürreperioden gesichert ist.

Die Bedeutung der Jahrgänge hat vor diesem Hintergrund abgenommen. Ein ambitionierter Winzer ist unter den Bedingungen des Klimawandels jedes Jahr in der Lage, großartige Weine zu erzeugen.

Der Winzer

Noch nie waren die Winzer in der gesamten Breite ihres Berufsstands so gut ausgebildet wie heute. Sehr viele der Jungwinzer, die heute das Weingut ihrer Familie übernehmen oder ein eigenes gründen, haben ein Studium an der Hochschule Geisenheim absolviert. Das Wissen um die besten Anbaumethoden, die Besonderheiten der Böden, die klimatischen und phänologischen Wechselwirkungen in den Weinbergen und über möglichst schonende Verfahren der Weinbereitung im Weinkeller haben der Qualität des deutschen Weines einen Schub gegeben.

Es ist nicht der Weinberg und auch nicht der Jahrgang, der am Ende im Glas die Güte eines Weines garantiert, sondern der Winzer.

3. Wie die Winzer zu Wirten wurden

Die Zahl der Straußwirtschaften und Gutsschänken im Rheingau ändert sich ständig. Insgesamt sind es mehr als 200 Weingüter, die über einen kurzen oder längeren Zeitraum eine Schänke öffnen. Ihre Zahl nahm in den vergangenen Jahren stetig zu, weil die Direktvermarktung an Bedeutung gewonnen hat. Gerade in der langen Phase der Pandemie haben die Winzer einen engen Kontakt zur ihren treuen Privatkunden schätzen gelernt. Das hat manchem über die Krise hinweggeholfen.

3a. Was ist eine Straußwirtschaft?

Seit Jahrhunderten signalisiert der gebundene Strauß vor dem Haus, dass der Winzer nun seine Privaträume für eine gewisse Zeit mit Gästen teilt, um ihnen den selbst angebauten Wein zu kredenzen. Der Mythos, dass es Kaiser Karl der Große war, der mit einem Regelwerk („Capitulare de villis") schon im Jahr 794 verfügt haben soll, dass jedes seiner Weingüter einen Ausschank betreiben und dies durch Sträuße oder Kränze am Hoftor anzeigen müsse, erwies sich inzwischen als Übersetzungsfehler aus dem Lateinischen. Doch ungeachtet dessen bessern viele Winzer ihre Kasse durch einen eigenen Ausschank auf. In der Vergangenheit taten sie dies öfter vor allem nach allzu üppigen Ernten oder miserablen Jahrgängen, wenn der Absatz des dann ebenso miserablen Weins stocken wollte. Straußwirtschaften waren ein Ventil, wenn die Keller zu voll waren und die neue Ernte langsam näherrückte. Das ging so weit, dass die Obrigkeit bald Regelungen erließ und die Zahl der Straußwirtschaften begrenzte.

Diese Zeiten sind längst vorbei. Doch Regeln gibt es immer noch, auch wenn sie vor einigen Jahren gastfreundlich gelockert wurden. Geblieben ist, dass die Straußwirtschaft nur für die Dauer von höchstens vier Monaten von einer behördlichen Erlaubnis freigestellt ist. Diese Zeitspanne darf auf zwei Zeiträume im Jahr, etwa auf das Frühjahr und die Wochen vor der Lese im Herbst, verteilt werden.

3b. ... und was eine Gutsschänke?

Viele Gutsschänken sind im Kern noch immer eine Straußwirtschaft. Oft ist die Umwandlung nur die Konsequenz des eigenen Erfolgs. Vier Monate genügen eben manchmal nicht mehr, um die Schar der Gäste zufrieden zu stellen, die zudem immer anspruchsvoller werden. Dann steht der Gang zur Behörde an, denn eine Gutsschänke unterliegt im Gegensatz zur Straußwirtschaft dem Gaststättenrecht. Sie ist eine erlaubnispflichtige Schank- und Speisewirtschaft und stellt einen Gewerbebetrieb dar, der baurechtlich genehmigungspflichtig ist. Das bedeutet erhöhte Anforderungen in vielerlei Hinsicht, und die Behörden prüfen solche Betriebe mit einem strengeren Maßstab als eine Straußwirtschaft, die eine „Weinkneipe auf Zeit" ist. Dafür sind die Öffnungszeiten der Gutsschänken nicht beschränkt. Im Gegenzug sind die Erwartungen der Gäste an Service und Angebot auch höher als in einer Straußwirtschaft, der jeder Besucher immer wohlwollend den „Amateurstatus" zubilligen sollte.

Die Befreiung von den Fesseln einer Straußwirtschaft bedeutet aber nicht automatisch, dass die Gutsschänke ein vollwertiges Restaurant mit den Weinen nur eines Winzers ist. Viele Winzer schöpfen die Möglichkeiten des Gaststättenrechts keineswegs aus. Manche Gutsschänke ist mithin ein vollwertiges Restaurant, andere dagegen sind nur eine „verlängerte" Straußwirtschaft. Die Grenzen sind fließend. Oft sind selbst die Öffnungszeiten der Schänken nur unwesentlich länger als die einer Straußwirtschaft – und genauso unsicher –, und nicht immer ist das Angebot an Speisen tatsächlich größer. Und über die Gemütlichkeit und die Qualität von Wein und Speise sagt die Bezeichnung Gutsschänke nicht viel aus. Sie verheißt aber das Bemühen, den Gast professioneller als in einer Straußwirtschaft zu verwöhnen. Die Gäste selbst können häufig nicht erkennen, ob sie tatsächlich in einer Straußwirtschaft sitzen, wie es das „Sträußchen" am Eingang verheißt, oder ob es nicht doch vielleicht eine lizenzierte Gutsschänke ist. Doch derlei muss den Zecher auch gar nicht kümmern.

4. Weinqualität entscheidet

Wie der Weinschmecker bewertet

Der Weinschmecker bewertet nur sorgsam ausgewählte und mehrfach getestete Betriebe. Diese 40 Straußwirtschaften und Gutsschänken sind die Besten. Ihre differenzierte Bewertung wird den Ansprüchen der Leser gerecht. Den einen verlangt es zuallererst nach einem Spitzenwein. Den zweiten einer frischen, regionalen, kreativen Küche. Den dritten nach einer besonders gemütlichen, urigen Atmosphäre.

Weinqualität, Speisen und Ambiente werden daher gesondert benotet. Zusätzliche Signets führen zu den kinderfreundlichen Betrieben und den Schänken mit imposanter Aussicht auf die Region. Eine Aufnahme in diesen Führer erreicht nur, wer in jeder Kategorie die Mindestanforderung erfüllt. Die Gesamtnote nimmt auf die doppelt bewertete Qualität des Weins Rücksicht, denn schließlich geht es um Weingüter mit angeschlossener Gastronomie. Jeder Winzer, der seine eigenen Tropfen ausschenkt, will und muss vorrangig am Ergebnis seiner Arbeit in Weinberg und Keller gemessen werden.

Kriterium: Weinqualität und Weinauswahl

gut – ein typischer, feiner Rheingauer Wein

sehr gut – Wein mit gehobenem Qualitätsanspruch

außerordentlich – zählt zur Spitze des Gebiets

exzellent – Top-Weine eines Spitzenerzeugers

Kriterium: Speisen

❶   hier steht der Wein klar im Vordergrund

❶❶   zuverlässig und gut in Auswahl und Güte

❶❶❶   besonders pfiffig, lecker, kreativ

❶❶❶❶ für die Feinschmecker unter den Schoppenpetzern

Kriterium: Ambiente

♥   rustikale Rheingauer Gemütlichkeit

♥♥   überdurchschnittlich und mit Liebe zum Detail

♥♥♥   hier steht der Gast so schnell nicht wieder auf

♥♥♥♥ stilvoll und mit besonders viel Atmosphäre

Gesamtbewertung

✹   uneingeschränkt empfehlenswert

✹✹   überdurchschnittlich für den Rheingau

✹✹✹   eine der Spitzenadressen in der Region

✹✹✹✹ nahe an der Perfektion

Familien willkommen

 kinderfreundlicher Betrieb mit Spielgeräten oder
genügend Platz zum Herumtoben

Fernsicht und Weitblick

 Schänke mit besonders schöner Aussicht

NEU

NEU! Neuaufnahmen gegenüber der 10. Auflage 2018

5. Die Top 40

Die besten Schänken des Rheingaus

Bacharach

Lorchhausen

Ranselberg
Lorch

Medenscheid

Winzberg

Nieder-
heimbach

Oberheimbach

Trechting-
hausen

Burg Reichenstein 🔴

Burg Rheinstein 🔴

Assmann-
hause

Mäuset

Weiler b
Bingen

Waldalgesheim

Stromberg

Burg Laye

A61

Allendorf

Gutsausschank „Georgshof"
Weingut Allendorf - Familien Allendorf und Schönleber

Kirchstraße 69
65375 Oestrich-Winkel
Telefon 06723/9185-0

E-Mail allendorf@allendorf.de
Internet www.allendorf.de

Öffnungszeiten:	im Frühjahr und im Herbst, jeweils vier Wochen lang an den Wochenenden
Parken:	Parken am Weingut, in der Kirchstraße und im Rebenweg sowie am Sportplatz Winkel
Reservierung:	ja
Das Besondere:	außergewöhnliche Vinothek „Wein.Erlebnis.Welt"

Mein Lieblingswein:
Winkeler Riesling trocken VDP.Ortswein

Saisonal und regional

Hasensprung und Jesuitengarten sind zwei der vorzüglichen Winkeler Lagen, in denen das Weingut Allendorf Große Gewächse erzeugt. Zumindest eines davon sollte der Weinfreund verkosten, der während der Straußwirtschaft im Georgshof einen Platz ergattert hat. Eine Reservierung ist auf jeden Fall zu empfehlen. Die Familien Allendorf und Schönleber betreiben eine der beliebtesten Schänken im mittleren Rheingau. Das liegt an der herzlichen Atmosphäre, aber auch an der saisonalen, regionalen und frischen Küche. Wer im Herbst kommt, der darf auf köstliche Rouladen hoffen, und wer im Frühjahr die Chance nutzt, sollte keinesfalls die Spargelgerichte und die frischen Salate auslassen. Die Karte ändert sich häufig, so dass es keinem Feinschmecker langweilig wird. Außerhalb von Pandemiezeiten gilt Selbstbedienung.

EINZELBEWERTUNG

Wein:

Speisen:

Ambiente:

Gesamtbewertung:

Allendorf am Rhein

Gutsausschank „Allendorf am Rhein"
Weingut Allendorf - Familien Allendorf und Schönleber

B42 (Höhe Goethestraße)   E-Mail allendorf@allendorf.de
65375 Oestrich-Winkel   Internet www.allendorf.de
Telefon 06723/9185-0

Öffnungszeiten: Donnerstag bis Sonntag ab 11 Uhr
Parken: Stellenplätze direkt am Rheinufer
Reservierung: ja

Das Besondere: außergewöhnlicher Platz direkt am Strom

Mein Lieblingswein:
Raffinesse Sekt brut

Die Sansibar am Rhein

Einen Hauch von Sylt im Rheingau bietet die ehemalige Verladestelle der Wasser- und Schifffahrtsverwaltung, die das Weingut Allendorf gepachtet und zu einem neuen Anziehungspunkt im Rheingau gestaltet hat. Mit dem „Anleger 511" in Eltville und der „Rheinschänke" in Hattenheim bildet „Allendorf am „Rhein" das Trio außergewöhnlicher, unmittelbar am Ufer gelegener Riesling-Tankstellen. Der Andrang war von Beginn an groß, und das nicht ohne Grund. Das Ambiente ist außergewöhnlich, und ebenso die Speisekarte: Thunfisch statt Schnitzel, Nordseekrabben statt Hacksteak. Zu den Gambas gesellt sich am besten ein Glas Raffinesse Sekt brut, und zum Matjes ein Rüdesheimer Ortsriesling. Wer hier einmal „ankert", der hat seinen Liegeplatz gefunden.

EINZELBEWERTUNG

Wein:

Speisen:

Ambiente: NEU!

Gesamtbewertung:

Baiken

Gutsausschank „Im Baiken"

Hessische Staatsweingüter Kloster Eberbach/P5 Gastronomie

Wiesweg 86
65343 Eltville
Telefon 06123/900-345

E-Mail info@baiken.de
Internet www.baiken.de

Öffnungszeiten:	von April bis Oktober: Mittwoch bis Freitag ab 17 Uhr, Samstag und Sonntag ab 12 Uhr, Montag und Dienstag sind Ruhetag; von November bis März: Mittwoch bis Samstag ab 17 Uhr, Sonntag ab 12 Uhr
Parken:	direkt am Gutsausschank
Reservierung:	ja
Das Besondere:	Baiken trinken im „Baiken"

Mein Lieblingswein:
Neroberg Riesling trocken „Crescentia"

Gehoben, nicht abgehoben

Wie auf einem Balkon über dem vorderen Rheingau thront der Gast bei einer Visite im „Baiken". Die Schänke nach der gleichnamigen
Rauenthaler Spitzenlage gehört den Hessischen Staatsweingütern und ist seit vielen Jahren verpachtet. Patronin Vera Förster füllt die Gastgeberrolle mit Umsicht
und Gelassenheit aus. Auf dem Baiken findet der Gast
eine wunderbare Kombination: Eine traumhaft gelegene
Schänke inmitten der Weinberge, eine ausnehmend
schöne Gartenterrasse, eine heimelige Stube, einen auf-
merksamen Service und eine gehobene, aber nicht abge-
hobene Küche mit regionaler und saisonaler Ausrich-
tung. Natürlich sollte man hier einen „Baiken" trinken,
aber nicht selten ziehen wir den fruchtbetonten Riesling
aus dem „Neroberg" oder den kernigen Vetter aus dem
„Steinberg" vor.

EINZELBEWERTUNG

Wein:

Speisen:

Ambiente:

Gesamtbewertung:

Becker

Gutsausschank „Der Weingarten"
Weingut J. B. Becker

Rheinstraße 5
65396 Walluf
Telefon 06123/72523

E-Mail info@jbbecker.de
Internet www.der-weingarten.com

Öffnungszeiten:	April bis Oktober, täglich ab 17 Uhr, am Wochenende ab 15 Uhr
Parken:	am Weingarten
Reservierung:	nein
Das Besondere:	den eigenen Picknickkorb mitbringen

Mein Lieblingswein:
Wallufer Walkenberg Riesling Alte Reben trocken

Weingarten im Wandel

Das Wallufer Rheinufer erstrahlt in neuem Glanz. Zwischen dem Weinprobierstand neben dem Segelhafen und dem neu gestalteten Leinpfadplätzchen am Übergang zum naturbelassenen Uferweg in Richtung Eltville erstreckt sich jetzt eine hübsche Flanierzone. Für die schönste Pause lässt sich der Besucher in Beckers Weingarten nieder. Das ist ein besonders idyllischer Ausschank, der dazu einlädt, den Schiffen und Ruderern, Gänsen und Enten zuzusehen und dabei die Seele baumeln zu lassen. Wer mag, kann sein Picknick selbst mitbringen, den Pizzadienst bestellen oder Brezel und Wurst an der Theke ordern. Als Einstieg empfiehlt sich der formidable Sekt. Bei der Bestuhlung und der gastronomischen Versorgung kündeten sich für den Herbst 2021 einige sehr spannende Veränderungen an, die zur Drucklegung aber noch nicht spruchreif waren und daher auch nicht bewertet wurden.

EINZELBEWERTUNG

Wein:

Speisen:

Ambiente:

Gesamtbewertung:

Brentanohaus

Gutsausschank
Weingut Allendorf - Familien Allendorf & Schönleber

Am Lindenplatz 2
65375 Oestrich-Winkel
Telefon 06723/88540-70

E-Mail
brentanohaus@allendorf.de
Internet www.allendorf.de

Öffnungszeiten:	ganzjährig Montag und Freitag ab 17 Uhr, Samstag, Sonntag und an Feiertagen ab 12 Uhr
Parken:	direkt am Brentanohaus
Reservierung:	nein
Das Besondere:	lauschiger Garten

Mein Lieblingswein:
„Goethewein aus dem Brentanohaus",
Winkeler Brentanogarten Riesling trocken, VDP.
Erste Lage

Schlemmen wie Goethe

Familie Allendorf hat das Brentanohaus schon vor Jahren gastronomisch wachgeküsst, und für den Rheingau ist dieses Engagement ein Glücksfall. Der 1751 erbaute adelige Sommersitz im Ortskern von Winkel ist schließlich das Zentrum der Rheinromantik. Hier war Goethe mehrfach zu Gast und trank in nicht geringen Mengen den berühmten 1811er Wein. Es lohnt sich, vor dem Besuch des Gutsrestaurants eine Führung durch das Museum zu buchen, dessen Sanierung aber noch nicht ganz abgeschlossen ist. Die Küche im Brentanohaus ist bodenständig-fein. Das Kalbsschnitzel zählt zu unseren Favoriten, aber auch die Tageskarte hält immer kulinarische Schmankerl bereit. Natürlich muss es hier begleitend ein „Goethewein aus dem Brentanohaus" sein. Was sonst?

EINZELBEWERTUNG

Wein: ▮▮▮▮

Speisen: 🍴🍴🍴🍴

Ambiente: ♥♥♥♥

Gesamtbewertung: ✦✦✦✦

Corvers-Kauter

Gutsausschank
Weingut Dr. Corvers-Kauter - Familie Corvers

Rheingaustraße 129
65375 Oestrich-Winkel
Telefon 06723/2614

E-Mail info@corvers-kauter.de
Internet
www.corvers-kauter.de

Öffnungszeiten:	Anfang April bis Ende Oktober, jeweils Mittwoch bis Sonntag
Parken:	wenige am Haus, viele an der Mittelheimer Basilika (5 Minuten Fußweg)
Reservierung:	ja
Das Besondere:	Slow Food und Genuss-Schule

Mein Lieblingswein:
Rauenthaler Baiken Riesling trocken

Juwelen aus dem Marcobrunn

D ie Lage ist wichtig, mitunter auch der Jahrgang,
aber noch wichtiger ist der Winzer. Das zeigt sich
im Weingut Corvers-Kauter besonders eindrucks-
voll. Denn erst seit Corvers-Kauter vom aufgebenden
Weingut Langwerth von Simmern einige Renommierla-
gen wie Marcobrunn und Baiken übernommen hat, lässt
sich schmecken, welch großes Potential diese Weinberge
für wahrhaft große Weine haben. Weingut und Schänke
haben in den zurückliegenden Jahren eine eindrucksvolle
Entwicklung genommen. Uns gefällt vor allem die Linie
der Terroir-Weine, aber auch die absoluten Spitzenweine, die erst nach einiger Zeit der Reife im Glas überzeu-
gen. Die Küche von Brigitte Corvers zählt zu den besonders innovativen im Rheingau, die nicht in eingefahrenen
Gleisen verharrt, sondern aufgeschlossen ist für neue
Ideen. Vorbildlich.

EINZELBEWERTUNG

Wein: 🍾🍾🍾🍾

Speisen: 🍴🍴🍴🍴🍴

Ambiente: ❤❤❤❤

Gesamtbewertung: ✦✦✦✦

Crass

Gutsausschank

Taunusstraße 2
65346 Eltville-Erbach
Telefon 06123/9348960

E-Mail reservierung@
gutsausschank.eu
Internet
www.weingut-crass.de

Öffnungszeiten:	täglich außer Dienstag und Mittwoch
Parken:	direkt am Weingut
Reservierung:	ja

Das Besondere: historisches Ambiente und lauschiger Garten

Mein Lieblingswein:
Erbacher Hohenrain Riesling trocken

Feines aus dem Siegelsberg

Matthias Craß hat die Rebfläche des aufstrebenden Weinguts auf inzwischen deutlich mehr als sechs Hektar erweitert und bei der Qualität noch einmal zugelegt. Es lohnt sich auf jeden Fall, vor einem Besuch der hübschen Schänke oder ihres lauschigen Gartens eine kleine Weinprobe in der Vinothek zu buchen. Hier gibt es nicht nur Riesling und Spätburgunder von blitzsauberer Qualität, sondern auch Exoten wie den Gelben Muskateller. Unsere Favoriten aber sind die Spitzengewächse aus dem Erbacher Siegelsberg wie die feinherben „Alten Reben" und das Große Gewächs. In der Schänke wird auf bodenständig-feinem Niveau gekocht. Hier kommen auch Feinschmecker auf ihre Kosten.

EINZELBEWERTUNG

Wein: 🍾🍾

Speisen: 🍴🍴🍴🍴

Ambiente: ♥♥♥♥

Gesamtbewertung: ✹✹✹

Diefenhardt

Gutsausschank
Weingut Diefenhardt - Familie Seyffardt

Hauptstraße 11
65344 Martinsthal
Telefon 06123/972313

E-Mail gutsausschank@
diefenhardt.de
Internet www.diefenhardt.de

Öffnungszeiten:	Mitte Februar bis Mitte Dezember, Dienstag bis Samstag
Parken:	an der B 260 Richtung Schlangenbad neben der Aral-Tankstelle oder auf dem Parkplatz an der Feuerwehr
Reservierung:	ja
Das Besondere:	bestes Schnitzel im Rheingau

Mein Lieblingswein:
Martinsthal J.D.
Alte Reben Riesling trocken

Bei der „Wildsau"

Die nächste Generation hat das Heft fest in die Hand genommen. Im Weingut Diefenhardt ist Julia Seyffardt seit einiger Zeit für den Ausbau der Weine verantwortlich, und die Anerkennung für das Sortiment der Diefenhardt-Weine ist seither noch gewachsen. Hier stimmt von der Schoppen-Basis bis zum „Großen Gewächs" und dem Spitzen-Pinot Noir einfach alles. Das Lagenportfolio umfasst natürlich auch die „Martinsthaler Wildsau", aber der „Schlenzenberg" stellt meist alles in den Schatten. Die beliebte Schänke steht 2022 vor einem Wechsel: Die langjährige Patronin Ariane Schäfer übergibt den Stab an Küchenchef Björn Kirchner als neuen Pächter, der sein Fach bestens versteht. Es lohnt sich fast immer, Gerichte von der Tageskarte zu wählen, die auf hohem Niveau wohltuend saisonal, regional und frisch auf den Teller kommen. Dennoch können wir es uns nicht verkneifen, öfter zum Schnitzel „à la Rosemarie" zu greifen. Ein Klassiker!

EINZELBEWERTUNG

Wein: 🍶🍶🍶🍶

Speisen: 🍴🍴🍴🍴

Ambiente: ♥♥♥♥

Gesamtbewertung: ★★★★

![Gutsausschank Dorotheenhof Außenbereich mit Sonnenschirmen und Gästen](image)

Dienst

Gutsausschank Dorotheenhof
Weingut Dorotheenhof - Familie Dienst

Am Weiher 49
65239 Hochheim am Main
Telefon 06146/3722

E-Mail info@weingut-dienst.de
Internet www.weingut-dienst.de

Öffnungszeiten:	Anfang Februar bis Anfang Juni und September bis Mitte November, jeweils Mittwoch bis Samstag
Parken:	Parkplatz am Weingut
Reservierung:	ja

Das Besondere: phänomenal gute Hacksteaks

Mein Lieblingswein:
Hochheimer Hölle Riesling trocken

„Höllisch" guter Riesling

F eine Schnitzel und leckere Hacksteaks sowie Rheingauer Klassiker wie der Handkäs prägen die deftig-
feine Küche im Weingut Dienst. Es lohnt sich, auch
immer einen Blick auf die Tageskarte zu werfen. Beim
Wein liegt der Schwerpunkt auf den sehr reintönig aus-
gebauten Basisweinen wie einem saftig-klaren Riesling
und einem straffen Weißburgunder. Wer einen eleganten
und fruchtbetonten Schoppen mit einem sehr guten
Preis-Leistungsverhältnis sucht, der ist in dieser Ecke
von Hochheim genau richtig. Am schönsten sitzt es sich
bei Dienst im geschützten Innenhof. Unsere Lieblinge
unter den Rieslingweinen sind fast bei jedem Besuch die
„Alten Reben" und noch mehr die trockene „Hochheimer Hölle": Ein Spitzenwein aus einer der Spitzenlagen
am Main.

EINZELBEWERTUNG

Wein:

Speisen:

Ambiente:

Gesamtbewertung:

![Dillmann Straußwirtschaft outdoor scene]

Dillmann

Straußwirtschaft
Weingut Dillmann

Langestraße 17a
65366 Geisenheim
Telefon 06722/8940

E-Mail info@weingut-dillmann.de
Internet
www.weingut-dillmann.de

Öffnungszeiten:	mehrere Öffnungsphasen und Wochenenden im Jahr
Parken:	direkt am Weingut
Reservierung:	nein

Das Besondere: exponierte Lage am Nordrand von Geisenheim

Mein Lieblingswein:
Rüdesheimer Berg Rottland Riesling trocken

Immer gut behütet

Es muss nicht immer Riesling sein. Warum nicht einmal ein Gelber Muskateller? Bei den Brüdern Dillmann in Geisenheim ist das eine ausgezeichnete Wahl, aber ebenso der Sauvignon blanc. Und für die Rotweinfreunde empfiehlt es sich, einmal die Cuvée aus Merlot und Cabernet Sauvignon zu probieren. Unter den Lagen-Rieslingen ist es neben dem Rothenberg der Rottland, der uns am meisten überzeugt. Leider hat die Schänke nicht allzu häufig geöffnet. Daher sollte sich der Weinfreund vom Andrang bei den beiden, meist gut „behüteten" Brüdern Dillmann nicht abschrecken lassen. Bis 2014 war das heute 12 Hektar große Weingut nur im Nebenerwerb bewirtschaftet worden, doch seither starten die beiden Brüder durch. Und die Investitionen in das Weingut zeigen, dass hier noch einiges zu erwarten ist.

EINZELBEWERTUNG

Wein:

Speisen: 　　　NEU!

Ambiente:

Gesamtbewertung:

Flick

Gutsausschank
Weingut Flick

Holger-Crafoord-Straße 4
65239 Hochheim am Main
Telefon 06146/6590

E-Mail info@wein-vom-flick.de
Internet www.wein-vom-flick.de

Öffnungszeiten:	ganzjährig mit mehreren Pausen, Donnerstag bis Sonntag
Parken:	direkt am Weingut
Reservierung:	ja

Das Besondere: diese Bratwurst sucht ihresgleichen

Mein Lieblingswein:
Kostheimer Weiß Erd Riesling trocken

Newcomer am Main

Der jüngste Winzer in diesem Führer, und obendrein eine der jüngsten Schänken des Rheingaus! Bei Flick in Hochheim ist eine atemberaubende Entwicklung zu sehen. Die Übernahme des ehemaligen Weinguts Himmel zahlt sich für Peter Flick aus. Zwar ist die Lage in Hochheim für Besucher alles andere als idyllisch. Doch hier stimmen die Voraussetzungen, um anspruchsvolle Weine zu erzeugen. Die trockene Scheurebe beispielsweise sollte kein Gast links liegen lassen. Unser Fokus aber liegt auf den trockenen Lagenweinen, beispielsweise dem „Meisterstück" aus dem Kirchenstück und dem „Verflickst" aus dem Wickerer Mönchsgewann. Es gibt leckeren Flammkuchen, aber wir raten nicht ohne Grund zur Bratwurst, deren geheimes Familienrezept ein außergewöhnlich würziges Geschmackserlebnis garantiert.

EINZELBEWERTUNG

Wein:

Speisen:

Ambiente:

NEU!

Gesamtbewertung:

Freimuth

Straußwirtschaft
Weingut Alexander Freimuth

Am Rosengärtchen 25
65366 Geisenheim-Marienthal
Telefon 06722/9810-72

E-Mail info@freimuth-wein.de
Internet www.freimuth-wein.de

Öffnungszeiten:	Ende April bis Anfang Juni sowie Winterstraußwirtschaft von Mitte November bis Mitte Dezember, jeweils Donnerstag bis Sonntag
Parken:	direkt am Weingut
Reservierung:	ja
Das Besondere:	Terrasse mit herrlichem Weitblick

Mein Lieblingswein:
Geisenheim Riesling ZERO trocken VDP.Ortswein

Mineralität aus Rüdesheim

F isch im Glas", das ist nur eine der wechselnden Spezialitäten, die bei Freimuth in Marienthal serviert werden und die das am südlichen Ortsrand gelegene Weingut zu einer ersten Adresse für Fein- und Weinschmecker machen. Die besten Rieslinge stammen durchweg aus dem Rüdesheimer Berg und dem Geisenheimer Kläuserweg. Letzterer ist zwar außerhalb des Rheingaus wenig bekannt, doch wachsen hier ganz vorzügliche Weine voller Saftigkeit und Mineralität. Neben dem bekannteren Rothenberg ist das die Spitzenlage von Geisenheim. Auch wer Abwechslung sucht, ist bei Freimuth richtig, denn das VDP-Weingut offeriert Weißburgunder, Sauvignon blanc und Grauburgunder. Bemerkenswert ist der Wein vom Roten Hang in Nierstein, der im Besitz der Familie ist und der dem Sortiment des Weinguts eine außergewöhnliche Note gibt. Die Terrasse ist mit ihrem atemberaubenden Blick ins Rheintal schon für sich allein einen Besuch wert.

EINZELBEWERTUNG

Wein:

Speisen:

Ambiente:

Gesamtbewertung:

Goldatzel

Gutsausschank
Weinhof Goldatzel - Familie Groß

Hansenbergallee 1a
65366 Johannisberg
Telefon 06722/50537

E-Mail wein@goldatzel.de
Internet www.goldatzel.de

Öffnungszeiten: Mitte März bis Mitte November, Mittwoch bis
                     Freitag ab 15 Uhr, Samstag und Sonntag ab 14 Uhr
Parken: unterhalb und direkt vor dem Weingut
Reservierung: nein

Das Besondere: besonders schöne Terrasse mit Weitblick ins Tal

Mein Lieblingswein:
Johannisberger Goldatzel Riesling trocken
„Bestes Fass"

Kontinuität und Kreativität

Goldatzel-Weine bestechen stets durch Klarheit, feine Frucht und Präzision, die das Ergebnis des großen Engagements in den äußerst gepflegten Weinbergen sind. Fast immer greifen wir bei den Rieslingen zum „Besten Fass" oder den „Alten Reben". Die Schänke der Familie Groß gehört zu den beliebtesten im Rheingau, und vor allem die Plätze auf der Terrasse mit dem schönen Blick auf den Rhein und bis zum Donnersberg sind heiß begehrt. Ein neu angelegter Parkplatz direkt unterhalb des Schänke soll die Stellplatznot lindern. In der Küche von Andrea Groß geht es immer um Kontinuität und Kreativität. Die Speisen sind zu den Weinen fein abgestimmt. Wer hier einmal sitzt, steht so schnell nicht wieder auf.

EINZELBEWERTUNG

Wein:

Speisen:

Ambiente:

Gesamtbewertung:

Hamm

Gutsausschank
Bioweingut Hamm

Hauptstraße 60
65375 Oestrich-Winkel
Telefon 06723/991375

E-Mail bio@weingut.hamm.de
Internet www.hamm-wine.de

Öffnungszeiten:	ganzjährig an den Wochenenden
Parken:	an der Hauptstraße und den Nebenstraßen
Reservierung:	ja

Das Besondere: romantischer Innenhof

Mein Lieblingswein:
Winkeler Dachsberg Riesling trocken VDP.
Erste Lage

Ökologischer Hamburger

Hier gibt es „Alte Reben", aber auch „Junge Reben". Und natürlich den „Hammlet", einen eher leichten, frischen und unkomplizierten Riesling, der in großen Schlucken genossen werden darf. Mit Aurelia Hamm und ihrem Bruder Justus hat im Bioweingut Hamm die nächste Generation das Zepter in die Hand genommen. Das nur sieben Hektar große Weingut zählt zu den Pionieren des ökologischen Weinbaus. Zu den Spitzenlagen gehören Hasensprung und Jesuitengarten, aber unser Favorit ist der trockene „Dachsberg". Ein wunderbar mineralischer Riesling von großer Finesse und Saftigkeit. Dazu passt der „Hammburger", aber die Küche hält auch sonst immer wieder kulinarische Überraschungen bereit, die entdeckt werden wollen. Atmosphärisch hat Hamm viel zu bieten: einen besonders lauschigen, geschützten Innenhof und historisch anmutige Innenräume.

EINZELBEWERTUNG

Wein: 🍾🍾

Speisen: 🍴🍴🍴

Ambiente: ❤❤❤❤

Gesamtbewertung: ✦✦✦

Hanka

Gutsausschank
Weingut Hanka - Veit & Sebastian Hanka

Grund 41
65366 Geisenheim
Telefon 06722/8879

E-Mail info@weingut-hanka.de
Internet www.weingut-hanka.de

Öffnungszeiten:	vom 1. Januar bis Fastnacht sowie im Herbst, Montag und Dienstag sind Ruhetage
Parken:	an der Straße, wenige Plätze im Hof
Reservierung:	nein
Das Besondere:	gemütliche Weinstube mit Flair

Mein Lieblingswein:
„Zurück in die Zukunft" Field Blend trocken
(gemischter Satz)

Zeitreise mit gemischten Satz

Familiär, sympathisch, ambitioniert: das umschreibt das Familienweingut Hanka in Johannisberg am besten. Es gibt im Rheingau nur noch eine Handvoll Weingüter, die sich die Tradition der Straußwirtschaft so authentisch auf die Fahne geschrieben haben wie die Hankas. Die Küche ist fein, die Weine sind vor allem an der Basis ausgezeichnet, und das Preis-Leistungsverhältnis ist phänomenal. Gönnen Sie sich neben den Rieslingen auch den Sauvignon blanc, und verkosten Sie auf jeden Fall den „gemischten" Satz. Dazu wurden alte Rebsorten in bunter Mischung im Weinberg gepflanzt, die im Herbst gemeinsam gelesen, gekeltert und vergoren werden. Das ausdrucksstarke Ergebnis kann sich schmecken lassen.

EINZELBEWERTUNG

Wein:

Speisen:

Ambiente:

Gesamtbewertung:

Höhn

Gutsausschank „Wein Lounge"
Weingut Wilhelm Höhn

Freudenbergstraße 200
65201 Wiesbaden
Telefon 0611/89063127

E-Mail
weinlounge@magenta.de
Internet www.weinguthoehn.de

Öffnungszeiten:	ganzjährig, Donnerstag bis Montag
Parken:	am Haus
Reservierung:	ja

Das Besondere: weiter Blick ins westliche Rheintal

Mein Lieblingswein:
Schiersteiner Hölle Riesling Spätlese trocken
„Granitfass"

Lounge nicht nur für Riesling

Nur gut, dass Familie Höhn im Frühjahr 2021 trotz der Corona-Krise wieder einen gastronomischen Partner für ihre schöne Schänke in Dotzheim gefunden hat. Sandra und Dirk Sutschet sind Profis, die mancher Gast aus der Schamari-Mühle in Geisenheim-Johannisberg und der „Krone" in Martinsthal kennt. Zu den Spezialitäten gehören Wildgerichte und –variationen wie Wildsülze, Taunus-Wildburger und Hirschkotelett vom Grill. Winzer Höhn hatte vor einigen Jahren das Glück, einige herausragende Weinberge des aufgelösten Weinguts Langwerth von Simmern erwerben zu können. Darunter sogar eine Parzelle im legendären Marcobrunn. Aber auch die Weine aus Schiersteiner und Dotzheimer Lagen sind nicht zu verachten. Und lassen Sie die stoffigen Rotweine wie den Cabernet Sauvignon keinesfalls links liegen!

EINZELBEWERTUNG

Wein:

Speisen:

Ambiente:

Gesamtbewertung:

Keßler
Peter & Christine

Gutsausschank „Rieslingpier"
Weingut Peter und Christine Keßler

Rebhangstraße 22
65375 Hallgarten
Telefon 06723/885520

E-Mail
Riesling-pier@kessler-wein.de
Internet www.kessler-wein.de

Öffnungszeiten:	mehrmals mehrere Wochen im Jahr, jeweils Mittwoch bis Samstag ab 17 Uhr; im Frühjahr und Sommer zusätzlich sonntags ab 14 Uhr Bistro-Betrieb
Parken:	direkt am Weingut
Reservierung:	ja
Das Besondere:	besonders schöner Blick ins Rheintal

Mein Lieblingswein:
Hallgartener Würzgarten Riesling
Spätlese trocken

Balkon über dem Rheingau

Es ist eines der noch sehr jungen Weingüter im Rheingau, aber eines mit Ambitionen und mit Flair. Mit großem Engagement haben Christine und Peter Keßler den Traum vom eigenen Weingut in Hallgarten verwirklicht. Sukzessive wurde die Rebfläche erweitert, wurden Halle, Kellerei, Vinothek und Schänke errichtet. Gleichwohl ist es ein Weingut mit Wurzeln, denn Christine stammt aus dem Oestricher Weingut Bickelmaier, Peter aus dem Martinsthaler Weingut Keßler. Der Neubau an der Rebhangstraße provozierte anfänglich wegen seiner exponierten Lage Diskussionen, doch die sind inzwischen verstummt. Und für alle Schänkengänger ist das Weingut ein Gewinn ob seines prächtigen Blicks ins Rheintal und wegen der Harmonie von Speisen und Wein.

EINZELBEWERTUNG

Wein:

Speisen:

Ambiente:

Gesamtbewertung:

Keßler

Gutsausschank „Im Messwingert"
Weingut Keßler

Heimatstraße 18
65344 Martinsthal
Telefon 06123/71235

E-Mail info@weingut-kessler.de
Internet www.weingut-kessler.de

Öffnungszeiten: ganzjährig, jeweils Dienstag bis Samstag
                  ab 16 Uhr
Parken: eigener Parkplatz am Gutausschank
Reservierung: ja

Das Besondere: auf Du und Du mit den Rebstöcken

Mein Lieblingswein:
Martinsthaler Wildsau Riesling Kabinett trocken

Schlemmen zwischen Rebenzeilen

Das Weingut Keßler hat in den vergangenen Jahren eine spektakuläre Metamorphose durchlaufen. Von der ein wenig dunklen, aber rustikal-gemütlichen Schänke zum stylisch-mediterranen Weinlokal mit Flair. Die von Corona erzwungene Pause hat Stefan Keßler genutzt, um die ohnehin schon beliebte Terrasse mit ihrem unmittelbaren Anschluss an den Weinberg mit einer modernen Markise zu überdachen. Nun kann die Schänkenfreunde im Sommer selbst ein Regenguss nicht mehr schrecken. Die Rieslinge aus Martinsthaler und Eltviller Lagen sind durchweg lecker. Vor allem der trockene Kabinett aus der Wildsau und die trockene Spätlese aus dem Sonnenberg zählen zu unseren Lieblingen, aber auch der schnell ausgetrunkene Sauvignon blanc. Im Sommer ist der Caesar Salad immer eine gute Wahl, bei kühleren Temperaturen das hausgemachte Zwiebelhacksteak.

EINZELBEWERTUNG

Wein:

Speisen: NEU!

Ambiente:

Gesamtbewertung:

Kloster Eberbach

Klosterschänke
Hessische Staatsweingüter Kloster Eberbach

Kloster Eberbach
65346 Eltville
Telefon 06723/993-299

E-Mail gastronomie@
kloster-eberbach.de
Internet
www.kloster-eberbach.de

Öffnungszeiten:	ganzjährig, täglich ab 12 Uhr
Parken:	direkt am Kloster gegen Gebühr
Reservierung:	ja

Das Besondere: außergewöhnlicher Spielplatz für Kinder

Mein Lieblingswein:
Rauenthaler Baiken Crescentia Riesling trocken

Entspannen im ehemaligen Kloster

D as war kein Start nach Maß: 2020 übernahm das Catering-Unternehmen Consortium die gastronomische Versorgung von Kloster Eberbach, und kaum waren die ersten Gäste bewirtet, erzwang die Coronapandemie die Schließung. Zudem stand die Klosterschänke wegen Sanierung nicht zur Verfügung. Doch die ist inzwischen beendet. Für Familien ist die Schänke nebst ihrem lauschigen Bier- und Weingarten ein besonderer Anziehungspunkt, denn in direkter Nachbarschaft hat die Stiftung Kloster Eberbach mit Hilfe von Spenden einen außergewöhnlich schönen Spielplatz „Hortus ludi" eröffnet. Der erlaubt den Eltern, noch entspannter einige schöne Stunden im ehemaligen Zisterzienserkloster zu verbringen. Es ist zudem ein schöner Haltepunkt für die vielen Wanderer auf dem Rhein- und dem Klostersteig, und auch der drei Kilometer lange Klosterrundweg bietet sich für einen Verdauungsspaziergang an.

EINZELBEWERTUNG

Wein:

Speisen:

Ambiente:

Gesamtbewertung:

Knyphausen

Weinlounge 1141 & Weinbar 1818

Weingut Baron Knyphausen

Erbacher Straße 26-28
65346 Eltville-Erbach
Telefon 06123/79071-0

E-Mail weinlounge@
baron-knyphausen.de
Internet www.baron-
knyphausen.de

Öffnungszeiten:	Weinlounge an den Wochenenden, Weinbar von Donnerstag bis Sonntag
Parken:	direkt am Weingut
Reservierung:	ja
Das Besondere:	eigenes Gutshotel und Hofladen

Mein Lieblingswein:
Rheingau „Historischer Rebensatz" trocken VDP.
Gutswein

Entspannung im Gutspark

Wäre der deutsche Sommer nur länger und weniger häufig von Regen begleitet, wir säßen noch öfter im schönen Park des Weinguts Baron Knyphausen und würden die Seele baumeln lassen. Denn an der Grenze zwischen Erbach und Eltville liegt ein kleines Weinparadies. Auf das Jahr 1141 wird die Gründung des Klosterhof Drais durch die Zisterziensermönche von Eberbach datiert. Sie nutzten schon im 12. Jahrhundert die fruchtbare Erde zwischen Eltville und Erbach für ihre ausgedehnten Gemüsegärten und für die Viehzucht. Das Weingut steht damit wahrhaft auf historischem Boden: „Weinlounge 1141" heißt der Weinausschank auf einer schönen Wiese in dem von einer Mauer umgebenen Weingut, und das Schnitzel genießt einen guten Ruf. Nicht minder schön sitzt es sich in der Vinothek mit angeschlossener Weinbar.

EINZELBEWERTUNG

Wein:

Speisen:

Ambiente:

Gesamtbewertung:

Koegler

Gutsausschank „Hof Bechtermünz"

Weingut J. Koegler · Familie Koegler

Kirchgasse 5
65343 Eltville
Telefon 06123/2437

E-Mail info@weingut-koegler.de
Internet www.weingut-koegler.de

Öffnungszeiten:	ganzjährig, Betriebsferien im Januar
Parken:	Stellplätze direkt im Hof
Reservierung:	ja

Das Besondere: Weinstand im Hof, Weinhotel, Weingarten

Mein Lieblingswein:
Spätburgunder „Rubeus" trocken

Pinot mit Kraft, Riesling mit Finesse

W as einst als Ergänzung gedacht war, ist heute der Mittelpunkt des Weinguts: Der Weinstand im historischen Hof Bechtermünz im Herzen der hübschen Eltviller Altstadt ist häufig schon am Nachmittag zur „Happy Hour" dicht umlagert. Die Rieslinge zeichnen sich gleichermaßen durch Kraft und Eleganz aus. Der Grüne Veltliner ist eine absolute Rarität im Rheingau, und der Spätburgunder ist in jeder Hinsicht eine Wucht. Inzwischen sind regelmäßig Food-Trucks im Hof zu Gast, und auch aus der eigenen Gutsküche gibt es kleine Schmankerl wie beispielsweise einen außergewöhnlich guten Flammkuchen. Der hätte auch Johannes Gutenberg bei einem seiner Besuche in Eltville geschmeckt.

EINZELBEWERTUNG

Wein:

Speisen:

Ambiente:

Gesamtbewertung:

Langehof

Gutsausschank

Weingut Laquai - Familie Matthias Klein

Martinsthaler Straße 4
65345 Rauenthal
Telefon 06123/74218

E-Mail info@langehof.de
Internet www.langehof.de

Öffnungszeiten:	ganzjährig, Mittwoch und Donnerstag sind Ruhetage
Parken:	an der Martinsthaler Straße und am Parkplatz vor der Kirche
Reservierung:	ja
Das Besondere:	frisch renoviert, mediterranes Ambiente

Mein Lieblingswein:
Lorcher Kapellenberg Riesling „vom Löss"
trocken

Mineralität aus Lorch

Ausgezeichnete Lorcher Weine aus steilen Lagen in stilvollem Ambiente in Rauenthal zu genießen, das ist eine außergewöhnliche Konstellation. Wir verdanken sie Matthias Klein, der den Langehof als Gutsausschank seiner Schwager Gundolf und Gilbert Laquai bestens aufgestellt hat. Die beiden Brüder Laquai gehören zu den herausragenden Winzern in der westlichsten Ecke von Hessen. Im Jahr 2021 hat Klein die Schänke grundlegend renoviert und modernisiert, um sie für die Zeit danach aufzuhübschen. Das ist bemerkenswert gut gelungen. Auch die Terrasse ist jetzt ein echter Anziehungspunkt. Die Leistungen der Küche sind in jüngerer Vergangenheit noch verlässlicher geworden. Hier kommen auch Feinschmecker auf ihre Kosten

EINZELBEWERTUNG

Wein:

Speisen:

Ambiente: ♥ ♥ ♥ ♥

Gesamtbewertung:

Laquai

Gutsausschank „Weinwirtschaft Laquai"
Weingut Laquai

Schwalbacher Straße 20
65391 Lorch
Telefon 06726/839213

E-Mail kontakt@
weinwirtschaft-laquai.de
Internet www.weingut-laquai.de

Öffnungszeiten:	von Mitte März bis Mitte Dezember, Mittwoch bis Freitag ab 17 Uhr, Samstag und Sonntag ab 15 Uhr
Parken:	an der Schwalbacher Straße
Reservierung:	ja

Das Besondere: Spitzenweine aus steilen Lagen

Mein Lieblingswein:
Riesling „vom Schiefer" trocken

Wisperforelle zum Riesling

D ie von uns schon immer geschätzten Laquai-Wei-ne haben in den zurückliegenden Jahren noch ein-mal an Präzision und Klarheit gewonnen, so dass wir leichten Herzens die Aufstufung in die höchste Weinkategorie vollziehen. Vor allem der Riesling „vom Schiefer" und der „1716 Q" haben es uns angetan: Alle-samt äußerst filigrane, mineralische, elegante Weine mit Charakter. Die Brüder Gilbert und Gundolf Laquai ge-hören zu den Vorreitern bei der Querterrassierung der Steillagen, um die Bewirtschaftung dauerhaft zu sichern. Sie zählen auch zu den innovativen Winzern, denen das Terroir der Lagen ein Anliegen ist. Die „Weinwirtschaft" besticht durch ihre regionale, feine Küche. Greifen Sie zur Wisperforelle!

EINZELBEWERTUNG

Wein:

Speisen:

Ambiente: ♥♥♥

Gesamtbewertung:

Mohr

Straußwirtschaft „Weingeist"
Weingut Wilhelm Mohr Erben - Familie Neher

Rheinstraße 21
65391 Lorch
Telefon 06726/9484

E-Mail info@weingut-mohr.de
Internet www.weingut-mohr.de

Öffnungszeiten:	Ende April bis Ende Juni und Mitte Oktober bis Mitte November, jeweils am Freitag und Samstag ab 17 Uhr, an Sonn- und Feiertagen ab 15 Uhr
Parken:	an der Rheinstraße
Reservierung:	ja

Das Besondere: Türkische Kochkurse mit Pfiff

Mein Lieblingswein:
Lorcher Schlossberg „34 Grad" trocken

Veganer Ökowein

Wollen Sie einmal wie der Bundespräsident anstoßen? Dann gehen Sie zur Familie Neher und gönnen Sie sich einen Sekt „Grande Réserve" brut natur, der regemäßig vom Bundespräsidialamt geordert wird. Oder greifen Sie zum Riesling „34 Grad" aus dem Weinberg mit den ältesten Rebstöcken des Rheingau. Und es gibt noch eine Besonderheit, die allein schon die Anreise in die westlichste Ecke Hessens lohnt: In der Küche führt Jochen Nehers türkischstämmige Frau Saynur die Regie. Die türkisch inspirierte Küche ist eine schöne Abwechslung im Rheingau, und sie harmoniert hervorragend mit den betont mineralischen Rieslingen aus den Lorcher Steillagen. Schon mit dem Jahrgang 2014 hat Neher auf Ökoweine umgestellt, die überdies „vegan", also im Keller ohne Hilfsmittel aus tierischen Erzeugnissen ausgebaut werden.

EINZELBEWERTUNG

Wein: ▮▮▮

Speisen: 🍴🍴🍴

Ambiente: ♥♥♥

Gesamtbewertung: ✦✦✦

Oetinger

Gutsausschank „Zum jungen Oetinger"
Weingut Detlev Ritter und Edler von Oetinger

Rheinallee 1-3
65346 Erbach
Telefon 06123/7952000

E-Mail ristorante@
von-oetinger.de
Internet
www.zumjungenoetinger.de

Öffnungszeiten:	täglich außer Dienstag
Parken:	direkt am Weingut
Reservierung:	ja

Das Besondere: italienische Küche auf hohem Niveau

Mein Lieblingswein:
Riesling „Mineral" trocken VDP.Gutswein

Saltimbocca in Erbach

Ein Winzer muss kein Wirt sein. Für eine erfolgreiche Gutsschänke genügt es, wenn der Pächter mit Herzblut bei der Sache ist. Insofern ist die Verbindung zwischen Winzer Achim von Oetinger und Familie Contino eine Erfolgsgeschichte. Das Weingut bewirtschaftet rund acht Hektar Rebfläche in besten Erbacher Lagen, darunter ist auch ein kleiner Anteil am weltberühmten „Marcobrunn". Neben Riesling und Spätburgunder gibt es bemerkenswerten Weiß- und Grauburgunder. Familie Contino überzeugt mit gehobener italienischer Küche. Empfehlenswert sind die Scaloppina alla Oetinger und Saltimbocca alla Romana. Damit harmonieren die gereiften Tropfen des Weinguts vorzüglich, aber es gibt als Ergänzung auch eine Rote aus Italien.

EINZELBEWERTUNG

Wein:

Speisen:

Ambiente:

Gesamtbewertung:

Ott

Gutsausschank „Zum Kapellchen"
Weingut Udo Ott/Zum Kapellchen GmbH

Grorother Hof
Quellbornstraße 95
65201 Wiesbaden-Frauenstein
Telefon 0611/41189912

E-Mail info@zum-kapellchen.de
Internet
www.zum-kapellchen.de

Öffnungszeiten:	ganzjährig, Montag ist Ruhetag
Parken:	Parkplätze im Innenhof
Reservierung:	ja

Das Besondere: große Terrasse und lauschiger Weingarten

Mein Lieblingswein:
Frauensteiner Herrnberg Blanc de Noir trocken

Paradies in Frauenstein

Wiesbaden ist Teil des Rheingau, und Reben wachsen nicht nur auf dem berühmten Neroberg, der von den Hessischen Staatsweingütern bewirtschaftet wird. In Dotzheim, Schierstein und Frauenstein beispielsweise verfügt die hessische Landeshauptstadt über ideale Bedingungen für den Weinbau. Das Weingut Ott ist in besten Lagen wie dem Frauensteiner Herrnberg begütert. Hier liegt der besondere Wert auf süffigen, klaren Schoppenweinen. Neben fruchtigem Riesling und samtigem Spätburgunder offeriert der Winzer cremige Weiß- und Grauburgunder sowie aufregenden Merlot und St. Laurent. Die Küche ist mit deftig, kreativ und saisonal gut umschrieben. Die Speisen harmonieren sehr gut mit den Weinen. Und schöner als im Garten unter den lauschigen Bäumen sitzt es sich nur an ganz wenigen anderen Ecken im Rheingau.

EINZELBEWERTUNG

Wein:

Speisen:

Ambiente:

Gesamtbewertung:

Rußler

Gutsausschank am Eselspfad
Weingut Ernst Rußler

Vor dem Kaltenborn 3
65345 Rauenthal
Telefon 06123/71434

E-Mail info@weingut-russler.de
Internet
www.weingut-russler.de

Öffnungszeiten:	ganzjährig, Ruhetage sind Montag und Donnerstag
Reservierung:	ja
Das Besondere:	schöne Lage mit Ausblick direkt am Waldrand

Mein Lieblingswein:
Rauenthaler Rothenberg Riesling
Spätlese trocken

Tageskarte mit Leckereien

Warum immer nur Riesling und Spätburgunder? Wer es exotischer mag und beispielsweise mal einen Rosenmuskateller verkosten möchte, der ist bei Uwe Rußler genau richtig. Der sympathische Winzer experimentiert gerne in den Weinbergen, ohne die prägenden Rebsorten deshalb links liegen zu lassen. Für viele Besucher aus dem Taunus ist die schön gelegene Schänke am Ortsrand von Rauenthal mit ihrer großen Terrasse die erste Adresse. Das hat viel mit der frischen, authentischen, regional und saisonal ausgerichteten Küche zu tun. Vor allem lohnt sich ein Blick auf die Tageskarte, die immer leckere Schmankerl bereithält. Auch die Klassiker sind äußerst beliebt wie beispielsweise die saftigen Schnitzel oder das Schlemmertöpfchen.

EINZELBEWERTUNG

Wein:

Speisen:

Ambiente:

Gesamtbewertung:

Schamari-Mühle

Gutsausschank
Weingut Schamari-Mühle

Grund 65
65366 Johannisberg
Telefon 06722/64537

E-Mail gutsausschank@
schamari.de
Internet www.schamari.de

Öffnungszeiten:	ganzjährig, täglich außer Dienstag
Parken:	direkt am Weingut
Reservierung:	ja

Das Besondere: schöner Weingarten vor alter Mühle

Mein Lieblingswein:
Geisenheimer Kläuserweg „Scha-to-Marie"
Riesling trocken

Lauschiger Weingarten

Im Mittelalter gehörte die Schamari-Mühle noch zum Kloster Johannisberg, ehe sie um 1600 in private Hände kam. Ihren Namen verdankt sie Heinrich Schamari, der 1812 Eigentümer wurde. Als letzte aktive Johannisberger Mühle stellte sie 1929 den Betrieb ein. Schließlich wurde sie Gasthaus, und seit 2017 sind zwei Quereinsteiger neue Mühlen-Herren: Werner und Peter Reck haben das Ensemble von Familie Andersson erworben und führen Weingut und Schänke fort. Das ist ein Glücksfall, denn unter den Rheingauer Schänken ist sie wegen ihrer Architektur und ihres lauschig-schönen Weingartens ein Kleinod. Unter den Rieslingen schätzen wir den trockenen „Kläuserweg" und den Spitzenwein „Scha-to-Marie". Hochinteressant sind aber auch die Rotweine wie der „Partisan" und der „Pinot Noir" aus dem Höllenberg.

EINZELBEWERTUNG

Wein:

Speisen:

Ambiente: NEU!

Gesamtbewertung:

Schloss Johannisberg

Gutsrestaurant, Weinterrasse & Goetheblick
Schloss Johannisberger Weingüterverwaltung

65366 Johannisberg
Telefon 06722/96090

E-Mail restaurant@
schloss-johannisberg.de
Internet www.schloss-
johannisberg.de

Öffnungszeiten:	ganzjährig, Weinterrasse und Ausschank Goetheblick von April bis Oktober an Samstagen, Sonntagen und Feiertagen
Parken:	auf dem Schlossparkplatz
Reservierung:	ja
Das Besondere:	der schönste Blick auf den Rheingau

Mein Lieblingswein:
Schloss Johannisberger Bronzelack Riesling
trocken

Hochgenuss am 50. Breitengrad

Auf einer Weide unterhalb von Schloss Johannisberg grasen jetzt Galloway-Rinder. Sie sind Ausdruck der Neuausrichtung der Schänke, die seit 2020 wieder in Eigenregie betrieben wird. Hinter dem Schloss ist zudem genügend Platz für einen großen Gemüse- und Kräutergarten: Regional, saisonal, frisch, nachhaltig – so lautet das Motto der Schänke. Gelblack, Bronzelack, Silberlack … das ist der Dreiklang der trockenen Weine auf einem der schönsten deutschen Weingüter. Ein deutsches Chateau, das nicht nur mit der „Erfindung" der Spätlese europäische Weingeschichte geschrieben hat. Inzwischen gibt es auch einen gastronomischen Dreiklang: Den Weinstand am Aussichtspunkt „Goetheblick" mit der schönsten Aussicht auf den Rheingau; die Weinterrasse auf dem Schloss selbst und die gediegene Schlossschänke mit ihrem Glasbalkon über dem Rheingau. Auf der Terrasse und am Weinstand gibt es Kleinigkeiten wie einen Picknickkorb.

EINZELBEWERTUNG

Wein:

Speisen:

Ambiente:

Gesamtbewertung:

Schloss Vollrads

Gutsrestaurant Orangerie & Schlosshof-Ausschank & Vinothek / Weingut Schloss Vollrads KG

Vollradser Allee
65375 Oestrich-Winkel
Telefon 06723/6616

E-Mail
info@schlossvollrads.com
Internet:
www.schlossvollrads.com

Öffnungszeiten: Gutsrestaurant ganzjährig außer Dienstag und
                    Mittwoch, Weinausschank von Ostern bis Oktober
                    an den Wochenenden
Parken: vor und hinter dem Schloss
Reservierung: im Restaurant

Das Besondere: das Traumschloss im Rheingau

Mein Lieblingswein:
Mittelheimer Edelmann Riesling trocken
VDP.1.Lage

Wer im Glashaus tafelt

Wie wäre es mit einer auf der Haut gebratenen Dorade oder einer rosa servierten Entenbrust? Im Gutsrestaurant von Schloss Vollrads wird mit Anspruch und Niveau aufgetischt, und die Küche harmoniert hervorragend mit den ambitionierten Rieslingweinen des Weinguts. Schloss Vollrads ist seit vielen Jahren im Besitz der Nassauischen Sparkasse, und das hat der Entwicklung des Ensembles und des Weinguts alles andere als geschadet. Hier wurde viel investiert, und als weiterer Schritt steht derzeit die Umstellung auf ökologischen Weinbau an. Für eine kleine Weinprobe ist der ungezwungene Hofausschank des Schlosses genau richtig. Zu den Rieslingen gibt es kleine Gerichte wie Käseplatten oder Flammkuchen. Vor allem am Wassergraben um den Wasserturm sitzt es sich vortrefflich.

EINZELBEWERTUNG

Wein:

Speisen:

Ambiente:

Gesamtbewertung:

Schön

Gutsausschank „Zum Schöne Michel"
Weingut Michael Schön

Hauptstraße 80
65385 Aulhausen
Telefon 06722/3201

E-Mail
info@weingut-schoen.de
Internet
www.weingut-schoen.de

Öffnungszeiten:	ganzjährig mit Unterbrechungen, Samstag ab 17 Uhr, Sonntag ab 16 Uhr
Parken:	neben und vor dem Haus
Reservierung:	ja

Das Besondere: der Rotweinspezialist

Mein Lieblingswein:
Rüdesheimer Berg Schlossberg Spätburgunder
Auslese trocken

Rotwein aus dem Rüdesheimer Berg

Aulhausen liegt ein wenig abseits der Rheingauer Hauptrouten, und es ist obendrein das einzige Weindorf ohne eigene Weinberglagen. Mithin ein ungewöhnliches Ziel, doch eines, das sich trotz der weiten Anfahrt lohnt. Denn Klaus Schön zählt zu den Charakterköpfen in der Weinregion, der längst seinen Weinstil gefunden hat und keinen Moden hinterherläuft. Die Atmosphäre ist familiär, die Küche serviert wechselnde und saisonale Leckereien sowie die Spezialität des Hauses, das angebratene Rindermett. Die besten Rotweine von Schön stammen aus dem Rüdesheimer Berg: Rottland, Roseneck und Schlossberg: Die Weine aus diesen Toplagen bestechen durch Komplexität, Finesse, Frucht und Tiefgang. Aber auch Schöns Riesling aus dem Bischofsberg ist nicht zu verachten: glasklar, feinfruchtig und elegant.

EINZELBEWERTUNG

Wein: 🍷🍷

Speisen: 🍴🍴🍴

Ambiente: ♥♥♥

Gesamtbewertung: ✹✹✹

Schönleber-Blümlein

Gutsausschank

Weingut Schönleber-Blümlein - Familie Schönleber

Kirchstraße 39
65375 Oestrich-Winkel
Telefon 06723/3110

E-Mail weingut@schoenleber-bluemlein.de
Internet www.schoenleber-bluemlein.de

Öffnungszeiten:	ab Mitte März bis Mitte Mai, sowie ab Mitte September bis Mitte November, Freitag bis Sonntag und an Feiertagen
Parken:	Parkplätze am Weingut und an der Straße (5 Minuten Fußweg)
Reservierung:	ja
Das Besondere:	Probierzone in der Schänke

Mein Lieblingswein:
Winkeler Hasensprung Riesling Kabinett trocken

Entspannung mit Verkostungszone

Eine kühle, kontrollierte und schonende Vergärung der Trauben im Keller ist Teil der Qualitätsphilosophie dieses ambitionierten Familienweinguts, aber natürlich weiß Frank Schönleber, dass die Grundlagen der Qualität schon im Weinberg gelegt werden. Dort kommen ausschließlich vollreife, sorgsam ausgewählte Beeren in die Erntewagen und die Presse, und das Ergebnis lässt sich schmecken. Am liebsten in der Schänke, die unweit vom Ausflugsziel Schloss Vollrads in Winkel liegt. Die Schänke ist ein Ausbund Rheingauer Gemütlichkeit, und die Terrasse mit ihrem großen Baum lädt für längere Zeit um Verweilen ein. Besucher sollten ausreichend Zeit mitbringen, um das Sortiment zu verkosten, für das neben der Theke eine große Verkostungszone eingerichtet ist.

EINZELBEWERTUNG

Wein: 🍷🍷

Speisen: 🍴🍴🍴

Ambiente: ❤❤❤❤

Gesamtbewertung: ✶✶✶

Schumann-Nägler

Gutsausschank „Turmschänke"
Weingut Schumann-Nägler

Nothgottesstraße 29
65366 Geisenheim
Telefon 06722/6564

E-Mail schumann@
turmschaenke.com
Internet www.schumann-
naegler.de

Öffnungszeiten:	von März bis Mitte Dezember, jeweils Mittwoch bis Samstag ab 17 Uhr, sonn- und feiertags ab 15 Uhr
Parken:	direkt am Weingut
Reservierung:	ja
Das Besondere:	Terrasse mit Weitblick

Mein Lieblingswein:
Geisenheimer Rothenberg Riesling Großes
Gewächs trocken

Im Zeichen des Nagels

D ie Küche hat seit unserem letzten Besuch noch einmal merklich „aufgerüstet" und bietet jetzt geradezu mediterrane Feinkost. Doch keine Sorge! Das scharf angebratene Tatar und die „Russischen Eier" haben den Status eines Klassikers und wurden auch vom neuen Küchenchef nicht angetastet. Der Weingarten gehört zu den schönsten der Region, und der Blick geht nicht nur gen Rheintal, sondern auch über die Weinberge bis zur Abtei St. Hildegard. Geisenheimer Weinlagen wie Kläuserweg und Rothenberg werden häufig unterschätzt, obwohl ihr Potential gewaltig ist. Große Gewächse aus dem Rothenberg zählen zu den trockenen Spitzenweinen der Region. Bei Schumann-Nägler sind auch die Basisweine top, so wie der von uns sehr geschätzte „Reserve".

EINZELBEWERTUNG

Wein:

Speisen:

Ambiente:

Gesamtbewertung:

![Weinausschank im Steinberg]

Schwarzes Häuschen

Weinausschank im „Steinberg"
Hessische Staatsweingüter/P5 Gastronomie

Steinberg
65346 Eltville
Telefon 06123/9997065

E-Mail: info@
schwarzeshaeuschen.de
Internet:
www.kloster-eberbach.de

Öffnungszeiten:	von April bis Oktober, freitags von 15 Uhr, samstags, sonntags und an Feiertagen von 11 bis 20 Uhr
Parken:	direkt an der Steinbergkellerei
Reservierung:	nein
Das Besondere:	inmitten der Weinlandschaft

Mein Lieblingswein:
Steinberger Crescentia Riesling trocken

Feine Vesper im Steinberg

Der „Steinberger" war einst der Lieblingsweinberg der Mönche, und im „Steinberg" ist heute einer der Lieblingsplätze vieler Ausflügler in den Rheingau. Denn inmitten des von einer drei Kilometer langen Mauer umgebenen Weinbergs liegt das Schwarze Häuschen. Hier ging einst der Verwalter seiner Arbeit nach. Heute wird dort ausgeschenkt, und natürlich sollte der Besucher Steinberger trinken. Doch auch der Sekt ist empfehlenswert, der Liebhaber von Rosé kommt auf seine Kosten, und wenn der Chardonnay im Angebot ist: zugreifen! Dazu gibt es kleine Leckereien für eine zünftige Vesper, beispielsweise Fleischwurst und Käse. Bei schönem Wetter gibt es kaum einen besseren Platz im Rheingau.

EINZELBEWERTUNG

Wein:

Speisen:

Ambiente:

Gesamtbewertung:

Sohns

Gutsausschank
Weingut Sohns

Nothgottesstraße 33
65366 Geisenheim
Telefon 06722/8940

E-Mail
info@weingut-sohns.de
Internet
www.weingut-sohns.de

Öffnungszeiten:	im Frühling, zur Schlemmerwoche, im Sommer und zehn Tage im November
Parken:	direkt am Weingut
Reservierung:	ja

Das Besondere: herrliche Lage am Geisenheimer Ortsrand

Mein Lieblingswein:
Lorchhäuser Seligmacher Riesling trocken

Würziger Seligmacher

N omen est omen! Der Lorchhäuser Seligmacher ist einer der von mir besonders geschätzten Spitzenweine im Weingut Sohns. Über die zurückliegenden Jahre hinweg ist dieser Riesling noch rassiger, noch mineralischer und noch stärker geworden. Einer der schönsten Plätze, ihn zu genießen, ist der 2017 bezogene Neubau der Familie Sohne am nördlichen Rand von Geisenheim. Sohns liegt dort in direkter Nachbarschaft zum Weingut Schumann-Nägler. Die Sohns-Terrasse eröffnet einen wunderbaren Blick in die Weinlandschaft gen Rüdesheim. Je nach Jahreszeit bietet die Karte mal rustikale, mal feinere Schmankerl. Wir empfehlen neben dem Riesling auch den Weißburgunder „M" und die hochwertigen Spätburgunder. Diese Weine unterstreichen ebenso wie der Seligmacher die Ambitionen dieses Familienweinguts, dessen Qualitätsstreben noch lange nicht dem Ende geneigt ist.

Stettler

Gutsausschank „Stettlers Weinstube"
Weingut Hermann Josef Stettler & Sohn

Am Geiersberg 3
65375 Hallgarten
Telefon 06723/886706

E-Mail mail@stettlers-weinstube.de
Internet
www.stettlers-weinstube.de

Öffnungszeiten: ganzjährig mit längeren Unterbrechungen, Mittwoch bis Freitag ab 17 Uhr

Parken: vor dem Haus oder der Winzergenossenschaft Hallgarten

Reservierung: ja

Das Besondere: familiär, gemütlich, kreativ

Mein Lieblingswein:
Oestricher Doosberg Riesling trocken

Weinstube mit Flair

Wer *die* typische Rheingauer Gutsschänke sucht, der findet sie in Hallgarten. Ein familiär geführtes Weingut, eine gemütliche Stube, bester Service. Hier treffen sich die Einheimischen mit jenen Auswärtigen, die auf der Suche nach einem Geheimtipp hier ihr Glück gefunden haben. Ute und Ernst Stettler sind die sympathischen Gastgeber, und ihre Schänke ist so gefragt, dass eine Reservierung dringend zu empfehlen ist. In der gemütlichen Stube und im Sommer auf der lauschigen Terrasse funktioniert das Zusammenspiel von Küche und Keller perfekt. Stettlers Weine sind geprägt von der für die Höhenlagen des Rheingaus typischen Säure und einer glasklaren Frucht. Eine sehr gute Empfehlung sind fast immer die saisonalen Tagesgerichte.

EINZELBEWERTUNG

Wein: 🍾🍾

Speisen: 🍴🍴

Ambiente: ❤❤

Gesamtbewertung: ★★

![Innenansicht des Gutsausschanks mit Holztischen, roten Stühlen und einer Bar mit Weinflaschen](image)

Strieth

Gutsausschank „Weingarten" & Vinothek
Weingut Thilo Strieth

Hauptstraße 43
65385 Rüdesheim-Aulhausen
Telefon 06722/4646

E-Mail
mail@weingut-strieth.de
Internet
www.weingut-strieth.de

Öffnungszeiten:	bei gutem Wetter von Mai bis September am Wochenende geöffnet
Parken:	im Innenhof oder am Sportplatz
Reservierung:	nein

Das Besondere: Mitbringen von Speisen erlaubt

Mein Lieblingswein:
Rüdesheimer Berg Kaisersteinfels „Frenz"
Riesling trocken

Haus des „Blanc de Noir"

Nehmen Sie sich Zeit, wenn Sie an einem Wochenende das Weingut Strieth in Aulhausen besuchen, denn es lohnt sich, das Sortiment in aller Ruhe zu verkosten. Der „Saxum"-Riesling beispielsweise ist eine feinfruchtige Visitenkarte des Weinguts und schmeckt vor allem an warmen Sommertagen nach mehr. Komplex und hochfein wird es mit „Frenz" und den „Alten Reben": beides sehr vielschichtige, mineralische Rieslinge mit dem gewissen Etwas. Strieth gehört zudem zu den absoluten Spezialisten des „Blanc de Noir", und sein „Fuck of Intolerance" mit dem markanten Etikett ist ein Statement gegen Rassismus und Ausgrenzung. Probieren Sie zudem die Rotweine Höllenberg und Schlossberg. Das Essen darf sich der Gast selbst mitbringen – oder er bestellt im benachbarten Familiengasthof „Germania".

EINZELBEWERTUNG

Wein:

Speisen:

Ambiente:

Gesamtbewertung:

Trenz

Gutsausschank
Weingut Trenz

Schulstraße 1+3
65366 Johannisberg
Telefon 06722/75063-11

E-Mail gutsausschank@
weingut-trenz.de
Internet
www.weingut-trenz.de

Öffnungszeiten:	ganzjährig, Mittwoch bis Samstag ab 16 Uhr, an Sonn- und Feiertagen ab 12 Uhr
Parken:	Parkplatz hinter dem Haus
Reservierung:	ja

Das Besondere: Mittelmeerfeeling im Rheingau

Mein Lieblingswein:
„Steinhaus" Riesling trocken

Trenz-Burger zum Trenz „2two"

Spundekäs und Handkäs sind Klassiker, die in kaum einer Schänke fehlen, doch diese Schänkenküche in Johannisberg kann weit mehr! Nicht nur den „Trenz Burger" mit Fleisch vom Angus Beef und hausgemachter Cocktailsoße, sondern auch feine Fischgerichte. Beim Wein ist der „Basic" immer eine gute Wahl, denn diese Visitenkarte des Weinguts unterstreicht das Qualitätsstreben von Michael Trenz. Zu unseren Lieblingsweinen im schönen Innenhof zählt meist der trockene „Steinhaus"-Riesling. Das ist ein Ausbund an Mineralität, während die Alten Reben meist saftig und fruchtig daherkommen. Neben dem Großen Gewächs aus der Mittelhölle empfiehlt es sich, einmal die Rotwein-Cuvée Trenz „2two" zu bestellen. Eine südafrikanische Cuvée aus de Shiraz, Cabernet Sauvignon, Petit Verdot und Merlot.

EINZELBEWERTUNG

Wein: 🍾🍾🍾🍾

Speisen: 🍴🍴🍴🍴

Ambiente: ♥♥♥♥

Gesamtbewertung: ★★★★

Weiler

Straußwirtschaft
Weingut Weiler

Weiselberg 9
65391 Lorch
Telefon 06726/9416

E-Mail kontakt@weingut-weiler.de
Internet
www.weingut-weiler.de

Öffnungszeiten:	jeweils von Freitag bis Sonntag an mehreren Wochenenden im Jahr
Parken:	an der Wisperstraße und Rheinstraße
Reservierung:	nein

Das Besondere: Schiefergrube als Weinkeller

Mein Lieblingswein:
Lorcher „Schiefer" Riesling trocken

Mineralität pur

nzwischen ist Tochter Carolin fest im Weingut einge-
stiegen und steht Vater Richard nicht nur engagiert zur
Seite. Sie hat mit dem „Rose Carolin" auch schon einen eigenen Wein erzeugt. Kein Wunder, dass das Weingut seine Rebfläche zuletzt erweitert hat, um für die Zukunft gewappnet zu sein. Diese kleine, aber feine
Handmanufaktur für individuelle Riesling- und Spätbur-
gunderweine aus der Steillage ist immer einen Besuch
wert. Weiler-Weine sind in Flaschen gefüllte Mineralität
der ausnehmend guten Lorcher Steillagen. Mit dem Er-
werb der Schiefergrube „Nollingen" ist vor mehr als 100
Jahren der Grundstein für die Gründung des kleinen
Weinguts gelegt worden. Fragen Sie beim Besuch den
Winzer, ob Sie einen kurzen Blick in den Schiefergru-
benkeller werfen dürfen!

EINZELBEWERTUNG

Wein:

Speisen:

Ambiente:

Gesamtbewertung:

Wurm

Gutsausschank „Weinpavillon"
Weingut Wurm

Binger Weg 1a
65391 Lorch
Telefon 06726/830083

E-Mail
info@weingut-wurm.de
Internet
www.weingut-wurm.de

Öffnungszeiten:	im Frühsommer und im Herbst, jeweils freitags ab 17 Uhr, samstags, sonntags, feiertags ab 15 Uhr
Parken:	vor und hinter dem Haus und am Bahnhof
Reservierung:	ja
Das Besondere:	spanische Küche

Mein Lieblingswein:
Lorcher Riesling trocken „plus"

Schiefer am Gaumen

P räzise wie ein Samurai-Schwert, so schmecken einige der Weine des Kendo-Kämpfers Robert Wurm. Mancher Lorcher war skeptisch, als der Quereinsteiger das Weingut Ottes unweit vom Lorcher Bahnhof übernahm und sich dort einen Lebenstraum erfüllte. Inzwischen ist die Skepsis der Begeisterung über die Weine gewichen. Wurm hat seinen Stil gefunden, und die kompromisslose Klarheit gefällt uns ausnehmend gut. Ebenso die Küche. „Wir servieren in unserem Gutsausschank Familienküche, wie wir sie selbst gerne essen", sagt Wurm. Folgerichtig ist ein großer Teil der Karte geprägt von den spanischen Gerichten der Hausherrin. Landküche im besten Sinn, wie Couscous mit mariniertem Fenchel und Chorizo. Als Vorspeise empfehlen sich Tapas.

EINZELBEWERTUNG

Wein:

Speisen:

Ambiente:

Gesamtbewertung:

Schloss Johannisberg, Rheingau

6. Glänzende Aussichten für Weinschmecker

Rheingauer Schlemmerwochen

Seit mehr als 30 Jahren beginnen jeweils Ende April im Rheingau zehn turbulente Tage für Weinschmecker. In den Jahren 2020 und 2021 allerdings machte die Coronapandemie den Weingütern einen Strich durch die Rechnung. Doch 2022/23 wollen zur „Rheingauer Schlemmerwoche" wieder jeweils fast 100 Weingüter eine Schänke auf Zeit öffnen. Das bietet die Gelegenheit, vor allem solche Weingüter kennenzulernen, die das Jahr über sonst nicht geöffnet sind. Sie machen ihre Wohnzimmer, Weinkeller, Innenhöfe und Weinprobierzimmer zugänglich und stellen den neuen Jahrgang vor. Unsere Bewertung bezieht sich allein auf die Güte der Weine:

Weingut Josef Spreitzer

Rheingaustraße 86, 65375 Oestrich-Winkel
Telefon 06723/2625, www.weingut-spreitzer.de

Weingut Chat Sauvage

Hohlweg 23, 65366 Geisenheim/Johannisberg
Telefon 06722/9372586, www.chat-sauvage.de

Weingut Jakob Jung

Eberbacher Straße 22, 65346 Eltville-Erbach
Telefon 06123/900620, www.weingut-jakob-jung.de

Weingut Balthasar Ress

Rheinallee 7, 65347 Hattenheim
Telefon 06723/91950, www.balthasar-ress.de

Weingut Heinz Nikolai

Ringstraße 14, 65346 Eltville-Erbach
Telefon 06123/62708, www.heinz-nikolai.de

Weingut Ferdinand Abel

Mühlstraße 32-34, 65375 Oestrich-Winkel
Telefon 06723/2853, www.weingut-abel.com

Sektkellerei Reuter & Sturm

Bahnhofstraße 15, 65396 Walluf
Telefon 06123/990556, www.reuter-sturm.de

Weingut Bausch

Waldbachstraße 103, 65347 Eltville-Hattenheim
Telefon 06723/999203, www.weingut-hans-bausch.de

Weingut H.J. Ernst

Holzstraße 40, 65343 Eltville
Telefon 06123/2363, www.weingut-ernst.de

Weingut Offenstein Erben

Holzstraße 22, 65343 Eltville
Telefon 06123/2137, www.offenstein-erben.de

Weingut Manfred Bickelmaier

Rheingaustraße 7, 65375 Oestrich/Winkel
Telefon 06723/3573, www.bickelmaier.de

7. Die besten Seiten des Rheingaus

7a. Die führenden Riesling-Erzeuger

Rheingau heißt Riesling! Obwohl zwischen Lorchhausen im Westen und Wicker im Osten nur rund drei Prozent der deutschen Rebfläche von etwas mehr als 100.000 Hektar liegt, hat der Rheingau dank seiner Geschichte, seiner Tradition und der Konzentration auf diese Rebsorte weltweite Reputation erlangt. Hier sind die Flaggschiffe der Region

Weingut Robert Weil

Mühlberg 5, 65399 Kiedrich
Telefon 06123/2308, www.weingut-robert-weil.com

Schloss Johannisberg

65366 Geisenheim-Johannisberg
Telefon 06722/70090, www.schloss-johannisberg.de

Weingut Künstler
Geheimrat-Hummel-Platz 1a, 65239 Hochheim/Main
Telefon 06146/83860, www.weingut-kuenstler.de

Weingut August Kesseler
Lorcher Straße 16, 65385 Rüdesheim-Assmannshausen
Telefon 06722/9099200, www.august-kesseler.de

Weingut Peter Jakob Kühn

Mühlstraße 70, 65375 Oestrich-Winkel
Telefon 06723/2299, www.weingutpjkuehn.de

Weingut Georg Breuer

Grabenstraße 8, 65385 Rüdesheim
Telefon 06722/1027, www.georg-breuer.com

Weingut Josef Spreitzer

Rheingaustraße 86, 65375 Oestrich-Winkel
Telefon 06723/2625, www.weingut-spreitzer.de

Weingüter Geheimrat J. Wegeler Erben

Friedensplatz 9-11, 65375 Oestrich-Winkel
Telefon 06723/99090, www.wegeler.de

Weingut Josef Leitz

Theodor-Heuss-Straße 5, 65385 Rüdesheim
Telefon 06722/9999100, www.leitz-wein-de

Weingut Balthasar Ress

Rheinallee 7, 65347 Hattenheim
Telefon 06723/91950, www.balthasar-ress.de

Weingut Schloss Vollrads

Schloss Vollrads, 65375 Oestrich-Winkel
Telefon 06723/660, www.schlossvollrads.com

Weingut Barth

Bergweg 20, 65347 Hattenheim
Telefon 06723/2514 , www.weingut-barth.de

Weingut Jakob Jung

Eberbacher Straße 22, 65346 Eltville-Erbach,
Telefon 06123/900620, www.weingut-jakob-jung.de

7b. Die besten Spätburgunder-Winzer

Rotwein ist im Rheingau mehr als nur die rote Ergänzung des Rieslings. Zwar sind nur rund zwölf Prozent der 3.200 Hektar Weinberge mit Spätburgunder bepflanzt. Doch darunter sind Lagen wie der berühmte Assmannshäuser Höllenberg, wo herausragende Rotweine wachsen. Inzwischen gibt es einen kleinen Kreis von Rotwein-Spezialisten, deren Spätburgunder in guten Rotweinjahren mit den besten deutschen Pinot Noirs mithalten können.

Weingut August Kesseler

Lorcher Straße 16, 65385 Rüdesheim-
Assmannshausen, Telefon 06722/9099200,
www.august-kesseler.de

Weingut Chat Sauvage

Hohlweg 23, 65366 Geisenheim
Telefon 06722/9372586, www.chat-sauvage.de

Domaine Assmannshausen der Hessischen Staatsweingüter Kloster Eberbach GmbH
Höllenbergstraße 10, 65385 Rüdesheim-
Assmannshausen, Telefon 06722/2273
www.weingut-kloster-eberbach.de

Weingut Krone
Niederwaldstraße 2, 65385 Rüdesheim-
Assmannshausen, Telefon 06722/2525
www.weingut-krone.de

Weingut Franz Künstler

Geheimrat-Hummel-Platz 1a,
65239 Hochheim/Main
Telefon 06146/83860, www.weingut-kuenstler.de

Bischöfliches Weingut

Marienthaler Straße 3, 65385 Rüdesheim
Telefon 06722/910560, www.bischoefliches-weingut.de

Weingut Robert König

Landhaus Kenner, 65385 Rüdesheim-
Assmannshausen, Telefon 06722/1064
www.weingut-robert-koenig.de

Weingut J.B. Becker

Rheinstraße 6, 65396 Walluf
Telefon 06123/72523, www.jbbecker.de

Weingut J. Koegler

Kirchgasse 5, 65343 Eltville
Telefon 06123/2437, www.weingut-koegler.de

Solveigs Pinot Noir

Rheinstraße 7, 65366 Geisenheim
Telefon 06701/916033, www.solveigs.de

Weingut Corvers-Kauter

Rheingauallee 129, 65375 Oestrich-Winkel
Telefon 06723/2614, www.corvers-kauter.de

Weingut Jakob Jung

Eberbacher Straße 22, 65346 Eltville-Erbach
Telefon 06123/900620, www.weingut-jakob-jung.de

7c. Die besten Sekterzeuger

Sekt entsteht nach Zugabe von Hefe und Zucker durch die zweite Gärung von Wein – entweder in der Flasche (Champagnerverfahren) oder im Edelstahltank (Tankgärung). Im Rheingau und der Region Wiesbaden/Mainz haben wegen der Nähe zu den deutschen Weinregionen viele renommierte Kellereien wie Matheus Müller, Mumm, Kupferberg und Henkell ihre Wurzeln. Winzersekte sind eine Spezialität kleiner Erzeuger. Das sind die besten im Rheingau:

Wein- und Sektgut Barth

Bergweg 20, 65347 Hattenheim
Telefon 06723/2514, www.weingut-barth.de
Der „Sektsekt": „Ultra" heißt die im Champagner-Verfahren erzeugte Spitzencuvée, nur übertroffen von Lagensekten aus Hassel und Schützenhaus!

Wein- und Sektgut F.B. Schönleber

Hauptstraße 1b, 65375 Oestrich-Winkel
Telefon 06723/9176-0, www.fb-schoenleber.de
„Katharina", „Carat" und „Hardliner" sind die Spezialitäten dieses vielfach prämierten Erzeugers.

Sektmanufaktur Schloss Vaux

Kiedricher Straße 18a, 65343 Eltville
Telefon 06123/62060, www.schloss-vaux.de
Lagensekte aus feinen Grundweinen renommierter Güter zeichnen das feine Sortiment dieser Manufaktur aus, auch feine Rosé- und Rot-Sekte.

Weingut Laquai

Park Wispertal 2, 65391 Lorch, Telefon 06726/830838, www.weingut-laquai.de. Eigener Wein, eigene Brände, eigene Sekte sind das Erfolgsrezept des Lorcher Qualitätsweinguts, auch Weiß- und Spätburgunder-Sekt.

Sektkellerei Ohlig

Kaiserstraße, 65385 Rüdesheim, Telefon 06722/300120, www.ohlig-sekt.de. Neben der Lohnversektung für viele Weinerzeuger kreiert die Kellerei auch überaus leckere eigene Sekte.

Sektkellerei Bardong

Bahnstraße 7, 65366 Geisenheim
Telefon 06722/47136, www.bardong.de
Feine Sektkreationen auch aus gereiften Weinen.

Sektkellerei Reuter & Sturm

Bahnhofstraße 15, 65396 Walluf, Telefon 06123/990556, www.reuter-sturm.de. Familie Sturm bietet eine sehr vielseitige Sektkollektion von hoher Qualität und Strahlkraft.

Weingut Mohr

Rheinstraße 21, 65391 Lorch, Telefon 06726/9484, www.weingut-mohr.de. Trinken Sie Sekt wie der Bundespräsident und bestellen Sie bei dessen Hauslieferanten!

Weingut Robert Weil

Mühlberg 5, 65399 Kiedrich, Telefon 06123/2308, www.weingut-robert-weil.com. Spitzenriesling, der bei „Großmeister" Volker Raumland veredelt wird, feinperlig und elegant.

7d. Die besten Weinrestaurants

Straußwirtschaften und Gutsschänken haben ihren Charme, doch muss ihnen der Gast den Status der Amateurgastronomie zugestehen. Wer nur wenige Wochen oder Monate im Jahr geöffnet hat, wer auf die Mithilfe der Familie, auf Studenten und Aushilfen im Service zurückgreifen muss, der kann und will meist nicht in den Wettbewerb mit professioneller Gastronomie treten. Auch wenn es wegen der Vielzahl der Winzerschänken die bürgerliche und gehobene Gastronomie im Rheingau nicht immer leicht hat, so behaupten sich doch einige bewährte Restaurants, die hier wegen der Qualität ihrer Weinkarte und der Güte ihre Küche Aufnahme finden:

Weinschänke Schloss Groenesteyn
Oberstraße 36/37, 65399 Kiedrich
Telefon: 06123/1533, www.groenesteyn.net

Kronenschlösschen
Rheinallee 1, 65347 Eltville-Hattenheim
Telefon 06723/640, www.kronenschloesschen.de

Zum Krug
Hauptstraße 34, 65347 Eltville-Hattenheim
Telefon 06723/99680, www.hotel-zum-krug.de

„Jean" im Hotel Frankenbach
Wilhelmstraße 13, 65343 Eltville
Telefon 06123/9040, www.hotel-frankenbach.de

Burg Schwarzenstein

Rosengasse 32, 65366 Geisenheim-Johannisberg
Telefon 06722/99500, www.burg-schwarzenstein.de

Rüdesheimer Schloss

Steingasse 10, 65385 Rüdesheim
Telefon 06722/90500, www.ruedesheimer-schloss.com

Restaurant „Zur Schlupp"

Hauptstraße 25, 65396 Walluf
Telefon 06123/72 638, www.gasthauszurschlupp.de

7e. Die besten Weinhotels

Wohl dem, der zum ungetrübten Weingenuss in den Rheingau aufbrechen kann, entweder, weil er einen Chauffeur auserkoren hat, oder weil er rechtzeitig ein Zimmer in der Region gebucht hat. „Übernachten auf dem Winzerhof" und schöne „Weinhotels" liegen im Trend. Hier die besten Adressen:

Weinhotel Rüdesheimer Schloss

des Weingutes Georg Breuer
Steingasse 10, 65385 Rüdesheim
Telefon 06722/90500,
www.ruedesheimer-schloss.com

Gästehaus Kloster Eberbach

am Sitz der Hessischen Staatsweingüter
Kloster Eberbach, 65347 Eltville-Hattenheim
Telefon 06723/993-200,
www.klostereberbach.com

Hofhotel Koegler

des Weingutes J. Koegler
Kirchgasse 5, 65343 Eltville
Telefon 06123/2437, www.weingut-koegler.de

Weinhotel Schönleber
des Weingutes F.B. Schönleber
Hauptstraße 1b, 65375 Oestrich-Winkel
Telefon 06723/9176-0,
www.fb-schoenleber.de

„Herrlichkeit" Knyphausen

des Weingutes Freiherr zu Knyphausen
Erbacher Straße 26, 65346 Eltville-Erbach
Telefon 06123/62177, www.knyphausen.de

Hotel im Schulhaus

Schwalbacher Straße 41, 65391 Lorch
Telefon 06726/807160,
www.hotel-im-schulhaus.com

Weinhotel Offenstein Erben

Holzstraße 14, 65343 Eltville
Telefon 06123/2137, www.offenstein-erben.de

7f. Die besten Vinotheken

Die Direktvermarktung hat in der Pandemie noch einmal an Bedeutung gewonnen. Viele Weingüter investieren in moderne Keller, in gemütliche Gästezimmer und in ansprechende Vinotheken, die zum unverbindlichen Verkosten und Einkaufen einladen. Im Rheingau sind vor allem diese Vinotheken einen Besuch wert (Bewertung nach Weinqualität):

Vinothek am Weingut Robert Weil

Mühlberg 5 in Kiedrich
Die etwas andere Vinothek im Rheingau: modern, kühl, elegant und stilvoll. Ein Hort für Spitzengewächse, die ihren Preis haben.

Weincabinet auf Schloss Johannisberg

in Geisenheim-Johannisberg

Eine dem Rheingauer Wahrzeichen
angemessene Vinothek, die nach dem Besuch des Schlosses einlädt, einige Flaschen mitzunehmen.

Vinothek des Weinguts Spreitzer

Rheingaustraße 86 in Oestrich
Sehr stilvoll und wunderbar designed: die Vinothek des Weinguts Spreitzer in Oestrich.

Vinothek Kloster Eberbach

Kloster Eberbach in Eltville
Täglich von 10 bis 18 Uhr ist die erst 2008 eröffnete Vinothek mit integriertem Klosterladen geöffnet. Ein Muss für jeden Klosterbesucher.

Vinothek am Weingut Georg Breuer

Grabenstraße 5 in Rüdesheim

Moderner Verkaufsladen des renommierten Familien-weingutes Georg Breuer. Erlesene Weine zu angemesse-nen Preisen.

Vinothek auf Schloss Vollrads

Vollradser Allee in Oestrich-Winkel

Eine moderne, geschmackvolle Vinothek für Riesling-weine bester Qualität aus sehr guten Lagen.

Rhein.Wein.Welt

Am Rottland 6 in Rüdesheim (gegenüber des Bahnhofs)

Weine renommierter Erzeuger auf 1.000 Quadratmetern für eine ausgedehnte Verkostung.

Wein.Erlebnis.Welt

des Weinguts Allendorf. Kirchstraße 69 in Oestrich-Winkel

Große Auswahl, viele Geschenkideen, buchen Sie das „Farberlebnis".

Vinothek des Wein- und Sektguts Barth

Bergweg 20 in Hattenheim

Wer Sekt liebt, ist hier genau richtig!

Vinothek des Weinguts Johannishof

Grund 63 in Geisenheim-Johannisberg

Ein Tempel für den Riesling!

7g. Die besten Bars & Bistros

Der Rheingau ist die Region der Straußwirtschaften und Gutsschänken, doch ein Trend zur Weinbar und zum Weinbistro ist unübersehbar. Dort zählt nicht das große Schnitzel auf dem Teller, sondern der entspannte Genuss. Der Wein steht im Mittelpunkt und wird zelebriert. Kleine Speisen haben die Rolle einer zurückhaltenden Begleitung und drängen sich nicht in den Vordergrund. Das kommt gut an.

Rheinwelt Rüdesheim
Am Rottland 6, 65385 Rüdesheim, www.rheinwelt.de
Schicke Vinothek mit Weinlounge auf dem ehemaligen Asbachgelände. Sensationell große Weinauswahl auf 1.000 Quadratmetern zum Verkosten, dazu regionaltypische Kleinigkeiten.

Y Weinbar & Vinothek Eltville
Rheingauer Straße 22, 65343 Eltville, www.y-sommelier.de
Der „Y-Sommelier" und Deutschlands einziger türkischer Sommelier Ahmet Yildirim hat im Herzen von Eltville eine außergewöhnliche Weinbar eröffnet. Schwer zu beschreiben, einfach hingehen!

Weinbar 1818
Erbacher Straße 28, 65346 Erbach, www.baron-knyphausen.de
Diese Weinbar mit angeschlossener Vinothek des Weinguts Baron Knyphausen hat sich schnell zu einem beliebten Treffpunkt im vorderen Rheingau entwickelt.

Weinpunkt

Hauptstraße 25, 65347 Hattenheim,
www.weinpunkt-vinothek.de
Entstanden als gemeinsame Vinothek der VDP-Weingü-
ter Hans Lang und Barth hat sich der Weinpunkt zur
Rheingauer Winebar gemausert direkt im kulinarischen
Bermuda-Dreieck von Hattenheim: Adlerwirtschaft,
Kronenschlösschen, Krug. Mit Weinen von Leitz, Mohr,
Kaufmann, Barth.

Keller & Kunst Kontor Kiedrich

Oberstraße 14, 65399 Kiedrich, www.kellerundkunst.de
Gastgeber Hubert Allert hat im alten Backhaus von
Kiedrich eine stimmungsvolle Vinothek eröffnet, die zu
kleinen Preisen auch eine ausgedehnte Verkostung im
Stil einer Weinbar bietet.

Weinbar & Vinothek Ress Wiesbaden

Mauergasse 10, 65183 Wiesbaden,
www.balthasar-ress.de/weinbar
Mitten in der Wiesbadener Innenstadt, in der Mauergasse, hat das Weingut Balthasar Ress seine Rheingauer
Weinbar eröffnet. Sie bietet kleine Speisen zu den Weinen aus dem Haus Ress an und damit die Möglichkeit zu
einer kleinen, geschmackvollen Auszeit vom Ein-
kaufstrubel in der Landeshauptstadt.

Weinbar & Vinothek Laquai

Mauergasse 11, 65183 Wiesbaden, www.weingut-laquai.de
Kerstin Hatje ist hier die charmante Gastgeberin, und die
Lorcher Weine bestechen durch Mineralität und Brillanz.

Pearls Weinbar & Sektmanufaktur

Mauergasse 15, 65183 Wiesbaden, www.henkell-freixenet.de

Auch der Schaumwein-Weltmarktführer Henkell Freixenet hat sich jetzt in der Wiesbadener Mauergasse niedergelassen. Mit innovativem Konzept und jeder Menge perlendem Trinkstoff.

8. Anruf ratsam

Ein leidiges Thema: die Öffnungszeiten

Auch wenn die Qualität des Weines und der Speisen der hier empfohlenen Betriebe verlässlich ist, ihre Öffnungszeiten sind es nicht immer. Das kann viele Ursachen haben: Die Weinernte mag besonders mager ausgefallen sein. Familienmitglieder als unerlässliche Helfer in Küche und Schankraum stehen aus vielerlei Gründen gerade nicht zur Verfügung. Gesundheitskrisen wie die Coronapandemie oder sportliche Großereignisse erfordern eine Verschiebung der Öffnungszeiten. Oder die Gewohnheiten der Gäste haben sich schlichtweg geändert.

Die Gründe für eine kurzfristige Veränderung der ursprünglich beabsichtigten Öffnungszeiten sind vielfältig und tragen zum Charme der Amateurgastronomie „Straußwirtschaft" bei. Die in diesem Führer genannten Öffnungszeiten sind deshalb mit Vorsicht zu genießen, auch wenn sie auf aktuellen Angaben der Betriebe vor

Drucklegung dieser Ausgabe beruhen. Weil viele Straußwirtschaften und Gutsschänken auch unter den Einheimischen beliebt sind, empfiehlt sich vor einer weiteren
Anreise ein kurzer Anruf, um zwei entscheidende Fragen zu klären:

1) Haben Sie heute geöffnet?
2) Haben Sie noch ein Plätzchen frei?

Wenn die Schänke Tischreservierungen möglich macht,
zögern Sie nicht. Natürlich wird allen Neuankömmlin-
gen soweit möglich gerne Platz eingeräumt, denn Gesel-
ligkeit und Gespräche sind neben Speis und Trank die
Hauptantriebsfedern für den Besuch einer Straußwirtschaft. Da wird eng zusammengerückt, was die Gemütlichkeit ebenso steigen lässt wie den Geräuschpegel.
Doch irgendwann ist die Kapazität jeder Schänke er-
schöpft. In jedem Fall bietet dieser Führer genügend
Ausweichmöglichkeiten, wenn doch einmal alle Stühle
besetzt sind und der Wirt bedauernd mit den Achseln
zuckt.

9. Like, follow and share!

Der Weinschmecker online

Der **Rheingauer Weinschmecker** twittert unter
@RWeinschmecker bei Twitter und zeigt Ver-
kostungsbilder unter RWeinschmecker
bei Instagram
Besuchen Sie ihn zudem regelmäßig bei Facebook
www.facebook.com/rheingauer.weinschmecker
Lesen Sie gerne den vielbeachteten Weinblog auf
Oliver Bocks Internetseite
www.rheingauer-weinschmecker.de
Hier berichtet der Autor schon seit 2005 kontinuierlich
über seine Weinerlebnisse und gewährt Einblicke in
seine Verkostungsnotizen. Zudem finden Sie Hinweise
auf aktuelle Veranstaltungen sowie Nachrichten aus
dem Rheingau und Updates zu diesem Buch.

Ein Appell an alle Leser

Auswahl und Neubewertung aller Weingüter und Schänken sind nach sorgfältiger, mehrfacher Prüfung erfolgt. Diese Momentaufnahme beruht vorwiegend auf der Verkostung der Jahrgänge 2018, 2019 und 2020 sowie der Tagesform der Küche und des Servicepersonals. Das kann dazu führen, dass die Einschätzung des Lesers nach einem Besuch von der des Autors signifikant abweicht. Der Verfasser nimmt solche Abweichungen gern zum Anlass einer verlässlichen Nachprüfung. Der **Rheingauer Weinschmecker** geht zudem jedem Hinweis auf einen neuen „Geheimtipp" sorgfältig nach, um seine Auswahl gegebenenfalls zu korrigieren. Anregungen und Hinweise bitte direkt an den Autor

Oliver Bock
info@rheingauer-weinschmecker.de

Weingut, Ort	Seite	Wein
Allendorf, Winkel	24	✴ ✴ ✴ ✴
Allendorf am Rhein, Winkel	26	✴ ✴ ✴ ✴
Baiken, Rauenthal	28	✴ ✴ ✴
Becker, Walluf	30	✴ ✴ ✴
Brentanohaus, Winkel	32	✴ ✴ ✴ ✴
Corvers-Kauter, Mittelheim	34	✴ ✴ ✴ ✴
Crass, Erbach	36	✴ ✴
Diefenhardt, Martinsthal	38	✴ ✴ ✴ ✴
Dienst, Hochheim	40	✴ ✴ ✴
Dillmann, Geisenheim	42	✴ ✴
Flick, Hochheim	44	✴ ✴
Freimuth, Marienthal	46	✴ ✴ ✴ ✴
Goldatzel, Johannisberg	48	✴ ✴ ✴ ✴
Hamm, Winkel	50	✴ ✴
Hanka, Geisenheim	52	✴ ✴ ✴
Höhn, Dotzheim	54	✴ ✴ ✴
Keßler, Hallgarten	56	✴ ✴
Keßler, Martinsthal	58	✴ ✴
Kloster Eberbach, Hattenheim	60	✴ ✴ ✴
Knyphausen, Erbach	62	✴ ✴ ✴

Speisen	Ambiente	Gesamt	Extra	
★★★	★★★	★★★★	👥	
★★★	★★★★	★★★★	👥	NEU!
★★★	★★★★	★★★★	👥 👁	
★	★★★	★★★	👥 👁	
★★★	★★★★	★★★★	👥	
★★★	★★★★	★★★★	👥	
★★★	★★★★	★★★		
★★★	★★★★	★★★★		
★★	★★	★★		
★★	★★	★★	👥 👁	NEU!
★★	★★	★★	👥	NEU!
★★★	★★★	★★★	👥 👁	
★★★	★★★	★★★★	👁	
★★★	★★★★	★★★		
★★	★★★	★★★		
★★★	★★★	★★★	👥 👁	
★★	★★★	★★	👥 👁	
★★★	★★★★	★★★	👥 👁	NEU!
★★★	★★★★	★★★	👥	
★★	★★★★	★★★	👥	

Speisen	Ambiente	Gesamt	Extra
★	★★★★	★★★	👥
★★★	★★★★	★★★★	
★★★	★★★	★★★★	
★★★	★★★	★★★	
★★★	★★★	★★★	👥
★★★	★★★	★★★	👥
★★★	★★★	★★★	👥 👁
★★★	★★★	★★★	👥 NEU!
★★★	★★★★	★★★★	👥 👁
★★★	★★★★	★★★★	👥 👁
★★★	★★★	★★★	
★★★	★★★★	★★★	
★★★	★★★	★★★	👥 👁
★	★★★★	★★★	👥 👁
★★★	★★★	★★★	👥 👁
★★	★★	★★	
★	★★	★★★	👥
★★★	★★★★	★★★★	👥
★★	★★	★★	
★★★	★★	★★★	👁

Der Autor

Oliver Bock ist in Pforzheim und damit in direkter Nachbarschaft der badischen und württembergischen Weinlande aufgewachsen. Seit mehr als 25 Jahren berichtet er als Korrespondent der F.A.Z. aus dem Rheingau und beobachtet den Weinbau und die Weinbranche in Deutschland und der Welt. Bock ist Rheingauer aus Leidenschaft, Weinblogger und Autor mehrerer, im Societäts-Verlag erschienener Porträts deutscher Weinregionen und Weinführer. Zuletzt aus seiner Feder erschienen ist das Buch „Rheingauer Unterwelten. Die schönsten Weingewölbe der Region und ihre Schätze". Seiner Leidenschaft für den Wein frönt er gelegentlich als Jurymitglied bei Weinwettbewerben. Mehr Informationen und laufende Verkostungsnotizen gibt er auf seiner Seite www.rheingauer-weinschmecker.de.

Bildnachweis

Alle Fotos Oliver Bock, mit Ausnahme von:

S. 26: © Hermann Heibel

S. 44: © Weingut Dillmann

S. 70: © Weingut Laquai

S. 50: © Hermann Heibel

S. 82: © Schloss Johannisberger Weingüterverwaltung

S. 84: © Weingut Schloss Vollrads KG

S. 102: © Hermann Heibel

S. 104: © Weingut Wurm

Hermann-Josef Berg, Oliver Bock
Der Pfälzer Weinschmecker

„Zum Wohl. Die Pfalz." Schon seit Jahrzehnten wirbt die Region mit diesem einprägsamen Slogan. Und irgendwie ist er längst zum Lebensmotto eines Landstrichs geworden, der völlig zurecht als „Toskana Deutschlands" bezeichnet wird. Die Pfalz ist – nach Rheinhessen – das zweitgrößte Weinanbaugebiet Deutschlands. Informationen rund um die Pfalz, Top-Adressen für Saumagen-Freunde, Tipps für Übernachtungen sowie „Sprach-Übersetzungen" machen das Buch zum idealen Begleiter für genussvolle Touren in der Pfalz.

144 Seiten · SmartCover/Leinen
ISBN 978-3-95542-357-5 · 15,00 Euro

Weinzeit

IN DEN AUSGEZEICHNETEN VINOTHEKEN

Jetzt Vinotheken-führer bestellen!

» rheingau.com/
prospektbestellur

Erlebe den mit Abstand persönlichsten Vinothekenbesuch!